KOMPLETNY FRYTOWNICA POWIETRZA KSIĄŻKA KUCHARSKA

100 WSPANIAŁYCH PRZEPISÓW NA FRYTOWNICĘ POWIETRZA

STEFAN SZULK

Wszelkie prawa zastrzeżone.

Zastrzeżenie

Informacje zawarte w tym eBooku mają służyć jako obszerny zbiór strategii, na temat których autor tego eBooka przeprowadził badania. Streszczenia, strategie, wskazówki i triki są zalecane tylko przez autora, a przeczytanie tego eBooka nie gwarantuje, że czyjeś wyniki będą dokładnie odzwierciedlać wyniki autora. Autor eBooka dołożył wszelkich uzasadnionych starań, aby zapewnić aktualne i dokładne informacje dla czytelników eBooka. Autor i jego współpracownicy nie ponoszą odpowiedzialności za jakiekolwiek niezamierzone błędy lub pominięcia, które mogą zostać znalezione. Materiał w eBooku może zawierać informacje od osób trzecich. Materiały osób trzecich zawierają opinie wyrażone przez ich właścicieli. W związku z tym autor eBooka nie ponosi odpowiedzialności za materiały lub opinie osób trzecich.

Książka elektroniczna jest chroniona prawami autorskimi © 2022 z wszelkimi prawami zastrzeżonymi. Redystrybucja, kopiowanie lub tworzenie prac pochodnych na podstawie tego eBooka w całości lub w części jest niezgodne z prawem. Żadna część tego raportu nie może być reprodukowana ani retransmitowana w jakiejkolwiek formie reprodukowanej lub retransmitowanej w jakiejkolwiek formie bez pisemnej wyraźnej i podpisanej zgody autora.

SPIS TREŚCI

SPIS TREŚCI..3

WPROWADZANIE..7

ŚNIADANIE I BRUNCH...10

   1. Omlet z cebulą i serem... 11
   2. Tradycyjne Jajko Gotowane.. 13
   3. Tost waniliowy.. 15
   4. Owsianka z siemienia lnianego....................................... 17
   5. Jajecznica z Frytownicą... 19
   6. Jajka po szkockiej frytownicy... 21
   7. Zapiekanka śniadaniowa... 24
   8. Łatwa Domowa Granola... 27
   9. Pizza z Bakłażanem.. 29
   10. Awokado na kalafiorowych plackach ziemniaczanych.....32
   11. Brokuły Smashed Hash Browns................................... 35
   12. Wiosenny Quiche Warzywny....................................... 37
   13. Quiche z serem.. 39
   14. Słodkie Ziemniaki Hash... 42
   15. Frittata w stylu greckim.. 44
   16. Cheddar Hash Browns.. 46
   17. Bułeczki z wiśniami i migdałami.................................. 48
   18. Francuskie tosty z nadzieniem waniliowym................. 50
   19. Chorizo hiszpański Frittata... 52
   20. Babeczki z Cukinią... 54

PRZYSTAWKI I PRZEKĄSKI..56

   21. Frytkownica Frytki Z Cukinii....................................... 57
   22. Krążki z bakłażana nadziewane ricottą........................ 60
   23. Paluszki Churro do frytownicy powietrznej................. 63
   24. Ranczo Jalapeno Poppers... 66
   25. Frytkownica ze słodkich ziemniaków.......................... 68

26. Krążki cebulowe 71
27. Frytownica Kokosowa Krewetki 74
28. Frytkownice z jarmużu 77
29. Frytki z Zielonej Fasoli 79
30. Paluszki rybne do frytownicy 81
31. Kulki z sera koziego z karmelu i frytkownicy 84
32. Grzyby nadziewane krabami 87
33. Ciasteczka krabowe 90
34. Chipsy jabłkowe 93
35. Chipsy z parmezanu i cukinii 95
36. Frytownica Pieczona Edamame 97
37. Sernik z frytkownicy powietrznej 99
38. Wafle z awokado 101
39. Prosciutto Owinięte Szparagami 103
40. Ukąszenia bekonu i jajek 105
41. Pieczone jajka z awokado 107
42. Chrupiące Roll-upy Salami 109
43. Salsa Toped Haloumi Kliny 111
44. Smażone zielone pomidory 113
45. Smażone Przyprawione Jabłka 115
46. Roladki jajeczne z awokado 117

GŁÓWNE DANIE 120

47. Frytownica dorsza 121
48. Klopsiki z frytownicy 123
49. Buraki z Pomarańczową Gremolatą 126
50. Łosoś ze Szpinakiem Balsamicznym 129
51. Smażony Patty Pan Squash czosnkowo-ziołowy 132
52. Frytkownica Migdałowa Kurczak 134
53. Krewetki 137
54. Frytownica powietrzna Caprese nadziewany kurczak 140
55. Frytownica Ziołowa Łosoś 143
56. Steki z grzybów 145
57. Miski do steków i warzyw 147
58. Frytownica z krewetkami i warzywami 150
59. Szparagi, parmezan i chrupki wieprzowe 152

60. Łosoś ze słodką musztardą 154
61. Pesto Kotlety Jagnięce z Parmezanem 156
62. Kotlety Prosciutto i Pesto 158
63. Pieczony Łosoś z Pesto 160
64. Frytownica Kurczaka Chimichangas 162
65. Makaron z Serową Cukinią 165

DODATKI **167**

66. Balsamiczna Brukselka i Boczek 168
67. Czosnek Parmezan Pieczona Rzodkiewka 170
68. Frytownica kalafiorowa 173
69. Frytki Jicama 176
70. Kaboby warzywne 179
71. Spaghetti Squash 182
72. Sałatka z Komosy Ogórkowej 184
73. Brukselka w glazurze klonowej 187
74. Limonkowe Ziemniaki 189
75. Mieszanka brukselki i pomidorów 191
76. rzodkiewka haszysz 193
77. Grzyby z Ziołami i Śmietanką 195
78. Szparag 197
79. Maślane Marchewki 199
80. Bakłażany w stylu azjatyckim 201
81. Kukurydza Maślana w Kolbie 203
82. Pikantna zielona fasola po chińsku 205
83. Ziołowa mieszanka bakłażana i cukinii 207
84. Gotowany Bok Choy 209
85. Frytkownica z bakłażanem 211
86. Frytownica Frytki Kalarepa 214

ESER **216**

87. Ciasteczka z kawałkami czekolady 217
88. Ciasteczka z frytkownicy powietrznej 219
89. Sernik Jagodowy 222
90. Pączki we frytownicy 225
91. Ciasto Waniliowe Truskawkowe 228

92. SZEWC JAGODOWY..231
93. CIASTO CZEKOLADOWE BUNDT..233
94. GIANT PB COOKIE..236
95. BAJGLE DO FRYTKOWNICY POWIETRZNEJ..238
96. BUDYŃ CHLEBOWY..240
97. MINI CIASTA TRUSKAWKOWO-ŚMIETANKOWE...242
98. BRAZYLIJSKI ANANAS Z GRILLA..244
99. BANANY CYNAMONOWE W KOKOSOWEJ PANIERCE...246
100. ŁATWE CIASTO KOKOSOWE...249

WNIOSEK..**251**

WPROWADZANIE

Co to jest frytownica powietrzna?

Frytownica powietrzna jest zasadniczo piecem konwekcyjnym ze wzmocnionym blatem — nie smaży jedzenia. Frytownica powietrzna naśladuje rezultaty głębokiego smażenia przy użyciu wyłącznie gorącego powietrza i niewielkiej ilości lub braku oleju.

Mówiąc najprościej, frytkownica powietrzna to kompaktowy, cylindryczny piec konwekcyjny z blatem. To urządzenie kuchenne, które wykorzystuje przegrzane powietrze do gotowania potraw, dając rezultaty bardzo podobne do smażenia w głębokim tłuszczu lub pieczenia w wysokiej temperaturze. W standardowym piekarniku powietrze jest podgrzewane, a gorące powietrze gotuje żywność. W piecu konwekcyjnym powietrze jest podgrzewane, a następnie wdmuchiwane przez wentylator. Daje to więcej energii i w konsekwencji gotuje potrawy szybciej i bardziej równomiernie.

Jak działają frytownice na powietrze?

Frytownice powietrzne wykorzystują tę samą technologię, co piece konwekcyjne, ale zamiast dmuchać powietrzem wokół dużego prostokątnego pudełka, jest ono rozdmuchiwane w kompaktowym cylindrze, a jedzenie znajduje się w perforowanym koszu. Jest to o wiele bardziej wydajne i tworzy intensywne środowisko ciepła, z którego żywność nie może uciec. Rezultatem jest żywność o chrupiącej brązowej powierzchni zewnętrznej i wilgotnym, delikatnym wnętrzu – wyniki podobne do smażenia w głębokim tłuszczu, ale bez całego oleju i tłuszczu potrzebnego do smażenia w głębokim tłuszczu. Kiedy smażysz na powietrzu, zwykle używasz nie więcej niż jednej łyżki oleju!

Co więcej, frytownica powietrzna nie tylko gotuje potrawy, które zwykle smażysz na głębokim tłuszczu. Może również gotować wszelkie potrawy, które normalnie gotujesz w piekarniku lub kuchence mikrofalowej. Jest to doskonałe narzędzie do podgrzewania potraw bez powodowania ich gumowatości i jest doskonałym i szybkim sposobem przygotowania składników, a także przyrządzania posiłków. Dla mnie to najlepsze nowe urządzenie kuchenne, jakie pojawiło się w ostatnich latach.

Co można gotować we frytownicy?

Frytownica powietrzna doskonale nadaje się do gotowania potraw, które często są smażone w głębokim tłuszczu: może być chrupiąca bez dużej ilości oleju. Rzeczy takie jak mrożone paluszki mozzarelli, tater tots, mrożone frytki i nuggetsy z kurczaka działają dobrze. Frytownice pneumatyczne są również dobre w przyrządzaniu smażonego kurczaka – zwłaszcza fantastycznych skrzydełek. Pieczone warzywa będą chrupiące, przyrumienione i doskonale ugotowane w środku, ale użyjesz tyle oleju, ile przypiekasz w piekarniku. Wszystko, co może zyskać na wysokiej temperaturze, doskonale nadaje się do frytownicy powietrznej: małe ziemniaki pokrojone na pół i obtoczone w oliwie z oliwek, ciecierzyca, która staje się super chrupiącą przekąską, steki, kotlety i nie tylko. Możesz także upiec chleb i ciasteczka, a smażalniki s'mores to zabawna sztuczka na imprezę.

Zalety frytownic powietrznych

A. Chrupiące potrawy można przyrządzać z niewielką ilością oleju.

B. Są łatwe w użyciu.

C. To zdrowsza technika gotowania niż frytowanie.

D. Nie nagrzeją Twojej kuchni jak piekarnik.

ŚNIADANIE I BRUNCH

1. Omlet z cebulą i serem

Podawać: 1

Składniki:

- 2 jajka
- 2 łyżki startego sera cheddar
- 1 łyżeczka sosu sojowego ½ cebuli pokrojonej w plastry
- ¼ łyżeczki pieprzu
- 1 łyżka oliwy z oliwek

Wskazówki:

a) Ubij jajka razem z sosem paprykowo-sojowym.
b) Rozgrzej frytownicę do 350 stopni F.
c) Podgrzej oliwę i dodaj masę jajeczną i cebulę. Gotuj przez 8 do 10 minut.
d) Na wierzch posyp startym serem cheddar.

2. Tradycyjne Jajko Gotowane

Serwuje 6

Składniki:

- 6 dużych jaj

Wskazówki:
a) Rozgrzej frytownicę do 300 stopni F.
b) Połóż jajka w koszyku frytkownicy i piecz przez co najmniej 8 minut, aby uzyskać lekko płynne żółtko lub od 12 do 15 minut, aby uzyskać jędrniejsze żółtko.
c) Szczypcami umieść jajka w misce z lodowatą wodą.
d) Schłodzić w zimnej wodzie przez 5 minut.
e) Obierz i podawaj.

3. Tost waniliowy

Serwuje 6

Składniki:

- 12 kromek chleba ½ szklanki cukru
- 1 ½ łyżeczki cynamonu
- 1 laska masła, zmiękczone
- 1 łyżeczka ekstraktu waniliowego

Wskazówki:

a) Rozgrzej frytkownicę do 400 stopni F. Połącz wszystkie składniki, z wyjątkiem chleba, w misce. Rozprowadź maślaną mieszankę cynamonu na kromki chleba.
b) Umieść kromki chleba we frytownicy. Gotuj przez 5 minut.

4. Owsianka z siemienia lnianego

Porcje: 4

Składniki:

- 2 szklanki płatków owsianych pokrojonych w stal
- 1 szklanka nasion lnu
- 1 łyżka masła orzechowego
- 1 łyżki masła
- 4 szklanki mleka
- 4 łyżki miodu

Wskazówki:

a) Rozgrzej frytownicę do 390 stopni F. Połącz wszystkie składniki w żaroodpornej misce.
b) Włóż do frytownicy i gotuj przez 5 minut.
c) Wymieszaj i podawaj.

5. Jajecznica z Frytownicą

Składniki:

- 1/3 łyżki niesolonego masła
- 2 jajka
- 2 łyżki mleka
- sól i pieprz do smaku
- 1/8 szklanki sera cheddar

Wskazówki:

a) Umieść masło na patelni, która jest bezpieczna w piekarniku/frytownicach powietrznych i włóż je do frytownicy.

b) Gotuj w 300 stopniach, aż masło się rozpuści, około 2 minut.

c) Wymieszaj jajka i mleko, a następnie dodaj sól i pieprz do smaku.

d) Umieść jajka na patelni i gotuj w temperaturze 300 stopni przez 3 minuty, a następnie włóż jajka do środka patelni, aby je wymieszać.

e) Gotuj jeszcze 2 minuty, następnie dodaj ser cheddar, ponownie mieszając jajka.

f) Gotuj jeszcze 2 minuty.

g) Wyjmij patelnię z frytownicy i od razu ciesz się nimi.

6. Jajka po szkockiej frytownicy

Porcje: 4

Składniki:

- 1 funt (453,59 g) kiełbasy wieprzowej luzem
- 1 łyżka drobno posiekanego szczypiorku
- 2 łyżki świeżej natki pietruszki, drobno posiekanej
- 1/8 łyżeczki mielonej gałki muszkatołowej
- 1/8 łyżeczki soli koszernej
- 1/8 łyżeczki mielonego czarnego pieprzu
- 4 jajka na twardo, obrane
- 1 szklanka (100 g) rozdrobnionego parmezanu
- 2 łyżeczki Musztardy Grubo Zmielonej

Wskazówki:

a) Jajka: W dużej misce wymieszać kiełbasę, musztardę, szczypiorek, pietruszkę, gałkę muszkatołową, sól i czarny pieprz. Delikatnie mieszaj, aż wszystko się dobrze połączy. Uformuj miksturę w cztery placki o jednakowej wielkości.

b) Nałóż każde jajko na pasztecik i uformuj kiełbaskę wokół jajka. Zanurz każdy w rozdrobnionym parmezanie, aby całkowicie przykryć, lekko dociskając, aby przylegał. Upewnij się, że strzępy sera są dobrze wciśnięte w mięso, aby nie latały we frytownicy.

c) Ułóż jajka w koszyku frytownicy. Spryskaj lekko nieprzywierającym olejem roślinnym. Ustaw frytownicę na 400 ° F na 15 minut. W połowie gotowania obróć jajka i spryskaj olejem roślinnym.

7. Zapiekanka śniadaniowa

Wydajność: 8

Składniki:

- 1 kg Kiełbasa Mielona
- 1/4 szklanki białej cebuli pokrojonej w kostkę
- 1 pokrojona w kostkę zielona papryka
- 8 całych jajek, ubitych
- 1/2 szklanki rozdrobnionego sera Colby Jack
- 1 łyżeczka nasion kopru włoskiego
- 1/2 łyżeczki soli czosnkowej

Wskazówki:

a) Dodaj cebulę i pieprz i gotuj razem z mieloną kiełbasą, aż warzywa będą miękkie, a kiełbasa będzie gotowana.

b) Spryskaj patelnię do smażenia powietrzem nieprzywierającym sprayem do gotowania.

c) Umieść zmieloną mieszankę kiełbasy na dnie patelni.

d) Ułóż równomiernie serem.

e) Ubite jajka wlać równomiernie na ser i kiełbasę.

f) Na jajka dodaj równomiernie nasiona kopru włoskiego i sól czosnkową.

g) Umieść ruszt w niskiej pozycji we frytownicy, a następnie umieść patelnię na górze.

h) Ustaw na Air Crisp na 15 minut w temperaturze 390 stopni.

i) Jeśli używasz frytownicy powietrznej, umieść naczynie bezpośrednio w koszu frytownicy i gotuj przez 15 minut w temperaturze 390 stopni.

j) Ostrożnie wyjmij i podawaj.

8. Łatwa Domowa Granola

Sprawia, że 4

Składniki:

- 2 szklanki (220g) posiekanych orzechów pekan
- 1 szklanka (85g) podróbek kokosa
- 1 szklanka (122g) posiekanych migdałów
- 1 łyżeczka (2,6g) cynamonu
- 1 łyżka stołowa (18g) oleju kokosowego w sprayu

Wskazówki:
a) W dużej misce wymieszaj orzechy pekan, płatki kokosowe, posiekane migdały i mielony cynamon.

b) Lekko spryskać sprayem z oleju kokosowego, wrzucić i ponownie lekko spryskać.

c) Wyłóż koszyk frytkownicy na powietrze papierem do pieczenia.

d) Wlej miksturę do koszyka.

e) Gotuj w 160°C przez 4 minuty, wrzuć i gotuj jeszcze przez 3 minuty.

9. Pizza z Bakłażanem

Służy 2

Składniki:

- 1 duży bakłażan (459g)
- ½ szklanki (138g) pasty do pizzy
- 2 ząbki czosnku pokruszone (6g)
- ¾ szklanka (90g) rozdrobnionego sera mozzarella
- 6 pomidorków koktajlowych (48g)
- 2 małe żółte papryki, pokrojone w plastry (65g)

Wskazówki:

a) Pokrój bakłażana wzdłuż na około 1,5 cm grubości.

b) Natrzyj solą z obu stron plastrów i odłóż na chłonny papier przez co najmniej 10 do 15 minut. Dzięki temu woda może wypłukać się z wewnętrznych komórek, dzięki czemu bakłażan będzie miękki po ugotowaniu. Wytrzyj do sucha.

c) Posyp solą morską i pieprzem.

d) Umieść w koszyku frytkownicy i gotuj w 180°C przez 5 minut.

e) W międzyczasie wymieszaj pastę do pizzy i zmielony czosnek.

f) Rozłóż mieszankę pizzy na wierzchu każdego plasterka bakłażana.

g) Posyp mozzarellą, pomidorkami koktajlowymi i krążkami papryki.

h) Dopraw solą morską i pieprzem.

i) Gotuj w 180°C przez 6 minut lub do złotego koloru.

10. Awokado na kalafiorowych plackach ziemniaczanych

Służy 2

Składniki:

- 350g mrożonego ryżu kalafiorowego, rozmrożonego
- 1 duże jajko (51g), ubite
- ½ szklanki (60g) startego sera mozzarella
- 1 duże, dojrzałe awokado (216g)
- ½ łyżeczki (1,3g) proszku czosnkowego

Wskazówki:

a) Wyłóż koszyk frytkownicy na powietrze papierem do pieczenia.

b) Wyciśnij nadmiar wilgoci z kalafiora.

c) Osusz przed włożeniem do dużej miski.

d) Dodać jajko i mozzarellę, doprawić, dobrze wymieszać.

e) Podziel miksturę na 4 części i nałóż łyżką na krążki na papierze do pieczenia.

f) Gotuj w 200°C przez 5 minut.

g) Delikatnie odwróć i gotuj przez kolejne 4 minuty.

h) W międzyczasie do miski wsyp awokado i czosnek w proszku i dopraw.

i) Dobrze wymieszaj, aż będzie ładna i kremowa.

j) Aby podać, rozłóż na grzankach z kalafiora i od razu podawaj.

11.   Brokuły Smashed Hash Browns

Służy 2

Składniki:

- 350g ryżu brokułowego
- ½ szklanki (60g) startego sera cheddar
- 1 duże jajko (51g)
- 2 łyżki (16g) mączki migdałowej

Wskazówki:

a) Weź 350 g mrożonego ryżu brokułowego, rozmroź i wyciśnij z niego jak najwięcej płynu. Osuszyć papierem chłonnym.

b) W misce wymieszaj ryż brokułowy, ½ szklanki (60g) startego sera cheddar, 1 duże jajko (51g) i 2 łyżki (16g) mączki migdałowej. Pora roku.

c) Wyłóż koszyk frytkownicy na powietrze papierem do pieczenia. Umieść 6 równych rund w koszyku frytownicy i delikatnie dociśnij, aby się utuczyć. Gotuj w 200°C przez 5 minut. Odwróć i gotuj przez kolejne 4 minuty. Powtarzać.

12. Wiosenny Quiche Warzywny

Służy 1

Składniki:

- 1 duże jajko (51g)
- 3 łyżki (60g) śmietanki
- 1 łyżka pokrojonej w kostkę (7g) papryki
- 1 łyżka pokrojonej w kostkę (8g) szalotki
- 1 łyżka stołowa (14g) kukurydzy
- 1 łyżka sera cheddar posiekanego (20g)

Wskazówki:
a) Wymieszaj jajko i śmietanę.

b) Lekko nasmaruj małe 12 cm ceramiczne naczynie na quiche.

c) Rozłóż posiekane warzywa na jego podstawie.

d) Wlać masę jajeczną, dobrze doprawić i posypać startym serem.

e) Gotuj w 160°C przez 10 minut.

13.   Quiche z serem

Porcje: 8
Składniki:

Skorupa:
- 1¼ szklanki blanszowanej mąki migdałowej
- 1 duże jajko, ubite
- 1¼ szklanki startego parmezanu
- ¼ łyżeczki drobnej soli morskiej

Pożywny:
- 4 uncje (113 g) serka śmietankowego
- 1 szklanka rozdrobnionego sera szwajcarskiego
- 1/3 szklanka mielonego pora
- 4 duże jajka, ubite
- ½ szklanki bulionu z kurczaka
- ⅛ łyżeczka pieprzu cayenne
- ¾ łyżeczka drobnej soli morskiej
- 1 łyżka masła niesolonego, roztopionego
- Posiekana zielona cebula do dekoracji
- Spray do gotowania

Wskazówki:
a) Spryskaj blachę do pieczenia sprayem do gotowania.
b) W dużej misce wymieszaj mąkę, jajko, parmezan i sól. Mieszaj, aż powstanie satynowe i jędrne ciasto.
c) Ułóż ciasto między dwoma tłustymi papierami pergaminowymi, a następnie rozwałkuj je w okrąg o grubości 1/16 cala.
d) Zrób skórkę: Przenieś ciasto na przygotowaną patelnię i dociśnij, aby pokryło spód.

e) Przesuń formę do pieczenia do pozycji Rack 1, wybierz Pieczenie konwekcyjne, ustaw temperaturę na 163°C i ustaw czas na 12 minut.
f) Po zakończeniu gotowania brzegi skórki powinny być lekko przyrumienione.
g) W międzyczasie w dużej misce wymieszaj składnik nadzienia, z wyjątkiem zielonej cebuli.
h) Wylej nadzienie na ugotowaną skórkę i przykryj brzegi skórki folią aluminiową.
i) Przesuń blachę do pieczenia do pozycji Rack 1, wybierz Pieczenie konwekcyjne i ustaw czas na 15 minut.
j) Po zakończeniu gotowania zmniejsz temperaturę do 300°F (150°C) i ustaw czas na 30 minut.
k) Po zakończeniu gotowania wykałaczka umieszczona na środku powinna wyjść czysta.
l) Wyjmij z piekarnika i pozostaw do ostygnięcia przez 10 minut przed podaniem.

14. Słodkie Ziemniaki Hash

Porcje: 2

Składniki

- 450 gram słodkich ziemniaków
- 1/2 białej cebuli, pokrojonej w kostkę
- 3 łyżki oliwy z oliwek
- 1 łyżeczka wędzonej papryki
- 1/4 łyżeczki kminku
- 1/3 łyżeczki mielonej kurkumy
- 1/4 łyżeczki soli czosnkowej
- 1 szklanka guacamole

Wskazówki

a) Rozgrzej urządzenie, wybierając tryb AIR FRY na 3 minuty w temperaturze 325 stopni F.
b) Wybierz START/PAUZA, aby rozpocząć proces podgrzewania.
c) Po zakończeniu podgrzewania naciśnij START/PAUZA.
d) Ziemniaki obrać i pokroić w kostkę.
e) Teraz przełóż ziemniaki do miski i dodaj oliwę, białą cebulę, kminek, paprykę, kurkumę i sól czosnkową.
f) Włóż tę mieszankę do koszyka frytownicy.
g) Ustaw go w trybie AIR FRY na 10 minut w temperaturze 390 stopni F.
h) Następnie wyjmij koszyk i dobrze nim potrząśnij.
i) Następnie ponownie ustaw czas na 15 minut w temperaturze 390 stopni F.

15. Frittata w stylu greckim

Porcje: 2

Składniki:

- 4 jajka, lekko ubite
- 2 łyżki śmietany kremówki
- 2 szklanki posiekanego szpinaku
- 1 szklanka posiekanych grzybów
- 3 uncje ser feta, kruszony
- Garść świeżej natki pietruszki, posiekanej
- Sól i czarny pieprz

Wskazówki:

a) Spryskaj koszyk frytkownicy powietrznej sprayem do gotowania. W misce ubij jajka, aż się połączą.
b) Dodaj szpinak, pieczarki, fetę, pietruszkę, sól i pieprz.
c) Przelej do koszyka i gotuj przez 6 minut w temperaturze 350 F. Podawaj natychmiast z odrobiną pikantnego smaku pomidorowego.

16.   Cheddar Hash Browns

Porcje: 4
Składniki:

- 4 czerwone ziemniaki, obrane, starte
- 1 brązowa cebula, posiekana
- 3 ząbki czosnku, posiekane
- ½ szklanki startego sera cheddar
- 1 jajko, lekko ubite
- Sól i czarny pieprz
- 3 łyżki drobno gałązek tymianku
- Spray do gotowania

Wskazówki:

a) W misce wymieszać rękami ziemniaki, cebulę, czosnek, ser, jajko, sól, pieprz i tymianek. Spryskaj frytownicę sprayem do gotowania.
b) Wciśnij mieszankę haszowo-brązową do kosza i gotuj przez 9 minut w 400 F., wstrząsając raz w połowie gotowania.
c) Gdy będą gotowe, upewnij się, że ziemniaki ziemniaczane są złote i chrupiące.

17. **Bułeczki z wiśniami i migdałami**

Porcje: 4

Składniki:

- 2 szklanki mąki
- ⅓ szklanka cukru
- 2 łyżeczki proszku do pieczenia
- ½ szklanki pokrojonych migdałów
- ¾ szklanka posiekanych wiśni, suszonych
- ¼ szklanki zimnego masła, pokrojonego w kostkę
- ½ szklanki mleka
- 1 jajko
- 1 łyżeczka ekstraktu waniliowego

Wskazówki:
a) Wyłóż koszyk frytkownicy na powietrze papierem do pieczenia. Wymieszaj mąkę, cukier, proszek do pieczenia, migdały i suszone wiśnie.
b) Wcieraj masło w suche składniki rękami, aby uzyskać piaszczystą, kruchą konsystencję. Wymieszaj jajko, mleko i ekstrakt waniliowy.
c) Wlej do suchych składników i wymieszaj do połączenia.
d) Deskę roboczą posyp mąką, wyłóż ciasto na deskę i kilkakrotnie ugniataj. Uformować prostokąt i pokroić na 9 kwadratów.
e) Ułóż kwadraty w koszyku frytownicy i gotuj przez 14 minut w temperaturze 390 F.
f) Natychmiast podawaj.

18. Francuskie tosty z nadzieniem waniliowym

Liczba porcji: 3
Składniki:

- 6 kromek białego chleba
- 2 jajka
- ¼ szklanki ciężkiej śmietany
- ⅓ szklanki cukru wymieszane z 1 łyżeczką mielonego cynamonu
- 6 łyżek karmelu
- 1 łyżeczka ekstraktu waniliowego Spray do gotowania

Wskazówki:
a) W misce ubij jajka i śmietanę. Zanurz każdy kawałek chleba w jajku i śmietanie. Zanurz chleb w mieszance cukru i cynamonu, aż będzie dobrze pokryty.
b) Na czystej desce ułóż powlekane plastry i posmaruj trzy plastry po około 2 łyżkami karmelu na środku.
c) Pozostałe trzy plasterki ułożyć na wierzchu, aby uformować trzy kanapki.
d) Spryskaj koszyk frytkownicy powietrznej olejem.
e) Włóż kanapki do frytownicy i smaż przez 10 minut w temperaturze 340 F, obracając raz w połowie gotowania.

19.   Chorizo hiszpański Frittata

Liczba porcji: 3

Składniki:

- 3 jajka
- 1 duży ziemniak, ugotowany i pokrojony w kostkę
- ½ szklanki mrożonej kukurydzy
- ½ szklanki sera feta, pokruszonego
- 1 łyżka posiekanej natki pietruszki
- ½ chorizo, pokrojone w plastry
- 3 łyżki oliwy z oliwek
- Sól i pieprz do smaku

Wskazówki:

a) Wlej oliwę z oliwek do frytkownicy i rozgrzej ją do 330 stopni F. Smaż chorizo, aż lekko się zrumieni. W misce ubij jajka solą i pieprzem.
b) Wymieszaj wszystkie pozostałe składniki. Wlej miksturę do frytownicy, wymieszaj i gotuj przez 6 minut.

20. Babeczki z Cukinią

Porcje: 4

Składniki:

- 1 ½ szklanki mąki
- 1 łyżeczka cynamonu
- 3 jajka
- 2 łyżeczki proszku do pieczenia
- 2 łyżki cukru
- 1 szklanka mleka
- 2 łyżki roztopionego masła
- 1 łyżka jogurtu
- ½ szklanki posiekanej cukinii
- Szczypta soli
- 2 łyżki serka śmietankowego

Wskazówki:

a) Rozgrzej frytkownicę do 350 stopni F. W misce wymieszaj jajka razem z cukrem, solą, cynamonem, serkiem, mąką i proszkiem do pieczenia.
b) W innej misce połącz wszystkie płynne składniki. Delikatnie połącz suchą i płynną mieszankę. Dodaj cukinię.
c) Foremki do muffinek wyłóż papierem do pieczenia i wlej do nich ciasto. Włóż do frytownicy i gotuj przez 15 minut.
d) Sprawdź wykałaczką.

PRZYSTAWKI I PRZEKĄSKI

21. Frytkownica Frytki Z Cukinii

Składniki:

- 2 średnie cukinie
- 1 duże jajko, ubite
- ⅓ szklanka mąki migdałowej
- ½ szklanki startego parmezanu
- 1 łyżeczka włoskiej przyprawy
- ½ łyżeczki proszku czosnkowego
- ¼ łyżeczki soli morskiej
- ¼ łyżeczki czarnego pieprzu
- spray do gotowania oliwy z oliwek

Wskazówki:

a) Cukinię pokroić na pół, a następnie na słupki o grubości około ½ cala i długości 34 cali.

b) W misce wymieszać mąkę migdałową, starty parmezan, przyprawę włoską, proszek czosnkowy, sól morską i czarny pieprz. Wymieszać do połączenia. Odłożyć na bok.

c) W osobnej misce ubij jajko do ubicia.

d) Obtocz paluszki cukinii w myjce jajecznej, a następnie obtocz i obtocz w panierce z mąki migdałowej. Ułożyć na talerzu (w przypadku frytownicy) lub wyłożonej blasze do pieczenia (w piekarniku).

e) Obficie spryskaj laski cukinii sprayem do gotowania z oliwą z oliwek.

f) Frytownica powietrzna Wskazówki: Pracując w małych partiach, umieść frytki z cukinii w jednej warstwie we frytownicy powietrznej i smaż na powietrzu w temperaturze 400°F (200 °C) przez 10 minut lub do uzyskania chrupiącej i złocistej konsystencji.

22. Krążki z bakłażana nadziewane ricottą

WYDAJNOŚĆ: 12

Składniki:

- 1 średni bakłażan
- Sól morska

Pożywny

a) 6 oz. Ser ricotta

b) 1/4 szklanki parmezanu

c) 3 łyżki świeżej pietruszki

d) 1 łyżeczka czosnku w proszku

e) 1 jajko

Panierowanie

a) 2 jajka

b) 1,5 szklanki okruchów ze skórki wieprzowej

c) 2 łyżeczki włoskiej przyprawy

d) 1/4 szklanki Parmezanu (do panierowania)

Wskazówki:

a) Pokrój bakłażana w 1/2-calowe rundy. Ułóż na blasze wyłożonej ręcznikiem papierowym i posyp ją solą morską. Umieść ręczniki papierowe na tym i innym blasze do pieczenia. Dodaj miski lub talerze, aby obciążyć patelnię, aby usunąć nadmiar wody przez 30 minut.

b) Gdy pokrojony bakłażan się poci, wymieszaj w misce ricottę, parmezan, pietruszkę i jedno jajko i odstaw na bok.

c) Zdejmij papierowe ręczniki z bakłażana i zetrzyj nadmiar soli. Rozłóż czubatą łyżkę mieszanki ricotty na wierzchu każdej rundy i rozprowadź równomiernie na bakłażanie za pomocą noża do masła. Powtórz z wszystkimi plasterkami bakłażana.

d) Ułóż warstwowe krążki bakłażana ricotta na blasze do pieczenia i włóż do zamrażarki, aby zastygły.

e) Po ustawieniu włóż dwa jajka do naczynia, a następnie połącz skórki wieprzowe, 1/4 szklanki parmezanu i włoskie przyprawy w osobnym naczyniu. Obtocz każdy kawałek bakłażana w myjce do jajek, a następnie w mieszance ze skórki wieprzowej. W razie potrzeby dociśnij, aby równomiernie pokryć.

f) Umieść każdą rundę z powrotem na blasze do pieczenia i ponownie włóż do zamrażarki, aby zastygła, około 30-45 minut.

g) Zaledwie 8 minut w temperaturze 375 F we frytownicy powietrznej to idealna ilość czasu, aby uzyskać chrupiącą, złocistobrązową powłokę i doskonale ugotowany bakłażan.

23. Paluszki Churro do frytownicy powietrznej

Porcje: 5

Składniki:

- 1 ½ C. Ser Mozzarella
- 2 uncje. Ser topiony
- 1 C. Mąka migdałowa
- 2 Łyżki Cukiernicze Swerve substytut cukru
- ½ łyżeczki cynamonu
- 1 ½ łyżeczki Proszek do pieczenia
- 1 jajko
- 2 łyżki ciężkiej śmietany do ubijania

Do posypki:

- 1 łyżka roztopionego masła
- 2 łyżki Swerve granulowanego słodzika
- 1 łyżeczka cynamonu

Wskazówki:
a) Rozgrzej frytownicę do 350 stopni.

b) W misce nadającej się do kuchenki mikrofalowej połącz ser mozzarella i serek śmietankowy. Podgrzewaj przez 30 sekund za każdym razem, aż sery całkowicie się rozpuszczą i dobrze wymieszają w ciasto.

c) Do roztopionej masy serowej zagnieść mąkę migdałową, proszek do pieczenia, substytut cukru cukierniczego Swerve i ½ łyżeczki cynamonu. Najlepiej używać rąk i uzbroić się w cierpliwość, ponieważ może to potrwać kilka minut.

d) Zmiksuj jajko i gęstą śmietanę do ciasta na gładką masę.

e) Przełóż ciasto do worka do szprycowania lub innego narzędzia z dużą końcówką dekoratora w kształcie gwiazdy na końcu.

f) Umieść 34-calowe paski ciasta na tacy wyłożonej pergaminem.

g) Smaż paluszki churro we frytownicy przez 45 minut z każdej strony lub aż każda strona się zrumieni, a paluszki churro się ugotują.

h) Smażone na powietrzu paluszki churro posmaruj roztopionym masłem.

i) W małej misce wymieszaj granulowany słodzik i 1 łyżeczkę cynamonu.

j) Posyp cynamonem posmarowane masłem paluszki churro i podawaj.

24.   **Ranczo Jalapeno Poppers**

Porcje: 4

Składniki:

- 6 jalapenos pokrojonych na pół i posiewanych
- 1 łyżka proszku do dressingu ranczo
- 4 uncje serka śmietankowego zmiękczonego
- 1/4 szklanki sera cheddar posiekanego
- 1/4 szklanki zielonej cebuli drobno pokrojonej
- 1-funtowy boczek

Wskazówki:
- 1. Umyj papryczki jalapenos i pokrój je wzdłuż, usuwając nasiona i błonę. Noś rękawiczki, jeśli je masz
- 2. Wymieszaj miękki serek śmietankowy, ser cheddar, proszek ranczo i zieloną cebulę w misce, aż dobrze się wymieszają.
- 3. Do każdej połówki jalapeno włożyć 12 łyżek nadzienia, a następnie zawinąć w plaster boczku.
- 4. Smaż je we frytkownicy w temperaturze 400F przez około 10 minut lub do momentu, gdy bekon będzie ugotowany i zacznie chrupiący.

25.   Frytkownica ze słodkich ziemniaków

Porcje: 4 porcje

Składniki:

- 1 ½ szklanki słodkich ziemniaków
- 2 średnie słodkie ziemniaki
- 1 łyżka oliwy z oliwek z pierwszego tłoczenia
- Można użyć 2 łyżki organicznego brązowego cukru jasnego lub ciemnego
- 2 łyżeczki chili w proszku
- 1 łyżeczka mielonego kminku
- ½ łyżeczki soli

Wskazówki:

a) Bataty pokrój w cienkie plasterki.

b) Wrzuć do miski z olejem, aby każdy plasterek batata był lekko pokryty. Możesz użyć rąk, jeśli chcesz.

c) W małej miseczce wymieszaj brązowy cukier, chili w proszku, kminek i sól.

d) Jeśli ze słodkich ziemniaków podczas siedzenia wypłynęła jakaś woda, możesz ją odsączyć.

e) Posyp słodkie ziemniaki mieszanką przypraw i wymieszaj tak, aby każdy plasterek miał przyprawę. Są lekko pokryte jak na powyższym zdjęciu.

f) Ułóż słodkie ziemniaki w jednej warstwie we frytkownicy, dotykając lub lekko zachodząc na siebie. Jeśli we frytownicy znajduje się ramię mieszające, które należy usunąć.

g) Smażyć na powietrzu w temperaturze 180°C (356°F) przez 6 do 9 minut, w zależności od grubości plastrów.

h) Potrząśnij koszem w połowie lub lekko zamieszaj, aby usunąć je z dna dna frytownicy.

i) Po zakończeniu wyjmij frytki na stojak do chłodzenia i pozwól im ostygnąć. Będą bardziej chrupiące, gdy ostygną.

j) Gotowe i zjedz lub przechowuj w hermetycznym pojemniku.

26. Krążki cebulowe

Porcje: 6

Składniki:

- 1 duża słodka cebula pokrojona w krążki
- 1 szklanka mąki migdałowej
- 1 szklanka startego parmezanu
- 1 łyżka proszku do pieczenia
- 1 łyżeczka wędzonej papryki
- Sól i pieprz
- 2 jajka ubite
- 1 łyżka gęstej śmietany
- spray do gotowania

Wskazówki:

a) W średniej misce wymieszać mąkę migdałową, parmezan, proszek do pieczenia, wędzoną paprykę, sól i pieprz.

b) W drugiej misce ubij jajka i śmietanę.

c) Zdjęcie z góry białej miski z jajkiem i plasterkiem cebuli jest pokryte.

d) Zanurz krążki cebuli w jajkach, a następnie w mieszance mąki migdałowej. Wciśnij mieszankę mąki migdałowej do cebuli.

Przełóż na blachę wyłożoną pergaminem i powtórz z pozostałą cebulą.

e) Biały talerz z mąką migdałową z parmezanem z posmarowaną cebulą.

f) Rozgrzej frytownicę do 350 stopni. Ułóż cebulę w jednej warstwie, gotując partiami według potrzeb. (W razie potrzeby można wyłożyć frytownicę powietrzną wkładkami do frytownicy powietrznej).

g) Spryskaj cebulę sprayem do gotowania i gotuj przez 5 minut. Użyj łopatki, aby ostrożnie sięgnąć pod cebulę i odwrócić. Spryskaj i gotuj 5 minut dłużej.

27. Frytownica Kokosowa Krewetki

PORCJE 4 porcje

Składniki:

- 1-funtowa surowa, duża, obrana i pozbawiona żyłki krewetka z dołączonymi ogonkami
- ¼ szklanki mąki uniwersalnej
- ½ łyżeczki soli
- ¼ łyżeczki czarnego pieprzu
- 2 duże jajka
- ¾ szklanka niesłodzonego posiekanego kokosa
- ¼ szklanki bułki tartej
- Spray do gotowania
- Słodki sos chili do podania

Wskazówki:

a) Rozgrzej frytownicę do 360°F. Po podgrzaniu spryskaj kosz sprayem do gotowania.

b) Połącz mąkę, sól i pieprz w jednej płytkiej misce. Ubij jajka w drugiej płytkiej misce. Następnie połącz posiekany kokos i bułkę tartą panko w trzeciej płytkiej misce.

c) Zanurz krewetki w mące, strzepując nadmiar. Następnie zanurz krewetki w jajkach, a na końcu w kokosowej masce panko, delikatnie naciskając, aby się przylgnęły.

d) Umieść krewetki kokosowe we frytownicy, tak aby się nie dotykały i spryskaj wierzch krewetek. Gotuj przez 10-12 minut, przewracając w połowie.

e) Udekoruj posiekaną natką pietruszki i w razie potrzeby podawaj od razu ze słodkim sosem chili.

28. Frytkownice z jarmużu

Służy 2

Składniki:

- 1 partia jarmużu kręconego, umytego i osuszonego
- 2 łyżeczki oliwy z oliwek
- 1 łyżka drożdży odżywczych
- ¼ łyżeczki soli morskiej
- 1/8 łyżeczki mielonego czarnego pieprzu

Wskazówki:

a) Usuń liście z łodyg jarmużu i umieść je w średniej misce.

b) Dodaj oliwę z oliwek, odżywcze drożdże, sól i pieprz. Wmasuj dodatki w liście jarmużu.

c) Wlej jarmuż do koszyka frytownicy i gotuj w temperaturze 390 stopni F przez 67 minut, aż będą chrupiące.

d) Podawaj na ciepło lub w temperaturze pokojowej.

29. Frytki z Zielonej Fasoli

wydajność: 6

Składniki:

- 1 funt zielonej fasolki z przyciętymi końcówkami
- 1 jajko
- 1 łyżka sosu ranczo
- 1 szklanka mąki migdałowej
- 1/2 łyżeczki soli czosnkowej
- 1/2 łyżeczki pieprzu
- 1/2 łyżeczki proszku czosnkowego
- 1/2 szklanki parmezanu

Wskazówki:

a) Rozgrzej maszynę zgodnie z instrukcjami w temperaturze 390 stopni F.

b) Gdy jest gorąca, dodaj tyle zielonej fasoli, ile możesz wygodnie, bez przepełnienia.

c) Spryskaj sprayem do gotowania, aby uzyskać chrupkość.

d) Gotuj przez 5 minut, potrząsając koszem w połowie gotowania, aby je przesuwać.

30.   Paluszki rybne do frytownicy

Porcje: 4 porcje

Składniki:

- 1 funt białej ryby, takiej jak dorsz
- ¼ szklanki majonezu
- 2 łyżki musztardy Dijon
- 2 łyżki stołowe wody
- 1 ½ szklanki panko ze skórki wieprzowej, takiej jak Pork King Good
- ¾ łyżeczka przyprawy Cajun
- Sól i pieprz do smaku

Wskazówki:

a) Spryskaj ruszt frytkownicy powietrznej nieprzywierającym sprayem do gotowania.

b) Osusz rybę i pokrój w słupki o szerokości około 1 cala na 2 cale.

c) W małej płytkiej misce wymieszaj majonez, musztardę i wodę. W innej płytkiej misce wymieszaj skórki wieprzowe i przyprawę Cajun.

d) Dodaj sól i pieprz do smaku.

e) Pracując z jednym kawałkiem ryby na raz, zanurz się w mieszance majonezu, aby pokryć, a następnie strząsaj nadmiar.

f) Zanurz w mieszance ze skórki wieprzowej i wymieszaj, aby obtoczyć. Umieść na ruszcie frytkownicy powietrznej.

g) Ustaw na Air Fry na 400F i piecz przez 5 minut, obróć paluszki rybne szczypcami i piecz kolejne 5 minut. Natychmiast podawaj.

31. Kulki z sera koziego z karmelu i frytkownicy

Składniki:

- 8 uncji miękki kozi ser
- 3 łyżki mąki migdałowej
- 1 jajko, ubite
- 3/4 szklanki mielonej skórki wieprzowej
- 1/4 szklanki syropu karmelowego bez cukru

Wskazówki:

a) Odetnij mały kawałek koziego sera i zwiń w kulki wielkości 1/2 cala. Ułóż na blasze wyłożonej pergaminem i zamrażaj przez 30 minut.

b) Wyjmij z zamrażarki. Do małej płytkiej miski wsyp mąkę migdałową, a ubite jajko do drugiej. I zmielone skórki wieprzowe do trzeciej miski.

c) W mąkę migdałową wrzuć kulkę koziego sera.

d) Następnie zanurz w płynie do jajek, aby pokryć.

e) Następnie pokryj zmielone skórki wieprzowe. Powtórz z pozostałymi kulkami z koziego sera.

f) Umieść kulki w jednej warstwie na tacce lub koszu frytownicy z powietrzem, pozostawiając miejsce na krążenie kulek przez powietrze. Spryskaj sprayem do gotowania. Smażyć na powietrzu w 400 stopniach przez 6 do 8 minut.

g) Skrop syropem karmelowym bez cukru.

32. Grzyby nadziewane krabami

Wydajność: Serwuje 3

Składniki:

- 8 uncji grzybów

Nadziewanie:

- 8 uncji posiekanego mięsa kraba
- 2 zielone cebule, drobno posiekane
- 1/4 szklanki majonezu
- 1/3 szklanki parmezanu
- 1 łyżeczka pietruszki
- 1/4 łyżeczki papryki
- szczypta soli i pieprzu

Wskazówki:
a) Rozgrzej frytownicę powietrzną do 380 stopni.

b) Oczyść grzyby wycierając je wilgotnym ręcznikiem papierowym. Odłam łodyżki grzybów i łyżką usuń część wewnętrznych skrzeli.

c) Lekko spryskaj frytownicę powietrzną sprayem do gotowania lub wyłóż folią.

d) W średniej wielkości misce wymieszaj składniki farszu.

e) Każdy grzyb nadziewamy równomiernie farszem krabowym.

f) Dodaj pieczarki w jednej warstwie do frytownicy. Nie nakładaj się. Być może będziesz musiał to zrobić partiami, w zależności od wielkości grzybów, których używasz.

g) Gotuj przez 9 minut lub do momentu, gdy farsz zacznie się brązowieć, a pieczarki będą miękkie.

33. Ciasteczka krabowe

Porcje: 10

Składniki:

- 1 funt mięsa kraba w kawałkach, świeżego
- 1/2 szklanki szalotki, pokrojonej w kostkę
- 1/2 szklanki czerwonej papryki, pokrojonej w kostkę
- 3 ząbki Czosnek, mielone
- 1/4 szklanki majonezu
- 1 duże jajko
- 1/2 łyżeczki Białego Pieprzu
- 2 łyżki natki pietruszki, świeżej, posiekaj lub rozerwij ręcznie
- 2 łyżeczki Old Bay
- 1 łyżka soku z cytryny
- 1 łyżeczka suchej musztardy mielonej
- 2 łyżki mąki migdałowej

Wskazówki:

a) Dodaj mięso kraba do dużej miski. Użyj dłoni, aby wyczuć muszle i usuń je, jeśli to konieczne.

b) Ubij jajka i majonez w małej misce

c) Dodaj pozostałe składniki i mieszankę jajek/majo do mięsa kraba. Delikatnie wymieszaj, aby w pełni się wchłonąć.

d) Pozostaw mieszaninę do schłodzenia przez 20-30 minut

e) Uformuj 8-10 ciastek krabowych

f) Wkładaj 4 ciastka krabowe do koszyka frytkownicy na raz. Wykładam minutę okrągłym pergaminem o grubości 9 cali.

g) Użyj funkcji „air crisp", aby gotować ciastka krabowe w temperaturze 375 stopni przez 12-14 minut

h) Pozwól ciastkom krabowym ostygnąć. Podawać z wyciśniętą cytryną, świeżą pietruszką lub koperkiem i sosem tatarskim.

34.   Chipsy jabłkowe

WYDAJNOŚĆ: 2 PORCJE

Składniki:

- 2 jabłka, cienko pokrojone
- 2 łyżeczki cukru pudru
- 1/2 łyżeczki cynamonu

Wskazówki:

a) W dużej misce wrzuć jabłko z cynamonem i cukrem. Pracując partiami, umieść jabłka w jednej warstwie w koszu frytownicy powietrznej (niektóre nakładanie jest w porządku).

b) Piec w 350° przez około 12 minut, przewracając co 4 minuty.

35. Chipsy z parmezanu i cukinii

porcje: 2

Składniki:

- 1 średnia cukinia pokrojona w ćwierćcalowe krążki
- ½ szklanki startego parmezanu świeżo startego

Wskazówki:

a) Umieść krążki cukinii w swojej frytownicy w jednej warstwie. (Jeśli kosz frytownicy jest nieprzywierający, nie musisz go najpierw smarować. Jeśli nie jest nieprzywierający, spryskaj kosz olejem w sprayu.) Dodaj cienką warstwę parmezanu na okrągłe, pokrycie powierzchni każdej rundy.

b) Ustaw frytownicę na 370°F (bez podgrzewania). Gotuj krążki przez około 12 minut lub do momentu, gdy ser będzie ciemnobrązowy.

c) Niech krążki ostygną przez kilka minut, co pozwoli na dalsze chrupanie sera.

d) Podawaj z ulubionym sosem do maczania.

36.   Frytownica Pieczona Edamame

wydajność: 2 kubki

Składniki:

- 2 kubki Edamame lub Mrożone Edamame
- Oliwa z oliwek w sprayu
- Sól czosnkowa

Wskazówki:

a) Umieść edamame w koszu frytownicy, może być świeży lub zamrożony.

b) Posmaruj oliwą w sprayu i odrobiną soli czosnkowej.

c) Smażyć na powietrzu w temperaturze 390 stopni przez 10 minut.

d) Jeśli wolisz, zamieszaj w połowie czasu gotowania. Aby uzyskać chrupiący, prażony smak smaż na powietrzu przez dodatkowe 5 minut.

e) Obsługiwać.

37. Sernik z frytkownicy powietrznej

Sprawia, że 12

Składniki:

- 200g serka śmietankowego
- ½ szklanki (75g) Natvia
- 1 łyżeczka (5g) ekstraktu waniliowego
- ½ szklanki (50g) mączki migdałowej

Wskazówki:
a) Rozgrzej frytownicę do 180°C przez 3 minuty.

b) Serek śmietankowy pokroić w kostkę i włożyć do miski.

c) Dodaj Natvia (zachowaj 2 łyżki stołowe na później) i wanilię i wymieszaj, aż będzie gładka i gładka. Wstaw do lodówki na 15 minut.

d) Rzuć na 16 kulek o jednakowej wielkości.

e) W małej misce wymieszaj mączkę migdałową z 2 łyżkami Natvii.

38. Wafle z awokado

Sprawia, że 10

Składniki:

- 1 duże, dojrzałe awokado (216g)
- ¾ szklanki (93g) tartego parmezanu
- 1 łyżeczka (5ml) soku z cytryny
- ½ łyżeczki (1,3g) proszku czosnkowego
- ¼ łyżeczki (0,7g) cebuli w proszku

Wskazówki:

a) W misce zetrzyj awokado na kremową konsystencję.

b) Dodaj pozostałe składniki i dopraw popękaną papryką.

c) Każdą blachę wyłożyć papierem do pieczenia.

d) Na każdym rozprowadź cienko miksturę tworząc ładne kółka.

e) Piec w 180°C przez 8 minut.

f) Schłodź przez 1 minutę przed delikatnym odwróceniem; obróć wyższą blachę do niższej pozycji (w miarę wzrostu temperatury) i gotuj przez kolejne 5 minut lub do całkowitego złocistego koloru.

39.   Prosciutto Owinięte Szparagami

Serwuje 6

Składniki:

- 18 świeżych szparagów
- 6 plasterków prosciutto

Wskazówki:

a) Przytnij szparagi, po prostu je przełamując. Szparagi naturalnie pękają tam, gdzie zaczyna się zdrewniały koniec.

b) Każdy kawałek szynki pokroić w długie cienkie paski, w zależności od szerokości, z każdego można wyciąć 34 paski.

c) Zawiń każdy pasek wokół włóczni. Umieść w koszyku frytownicy. Gotuj w 180°C przez 7 minut.

d) Podawaj z lekką odrobiną glazury balsamicznej.

40. Ukąszenia bekonu i jajek

Służy 2

Składniki:

- 3 duże jajka (po 51g)
- 2 łyżki (40g) śmietanki
- 1 łyżka (7g) posiekanej czerwonej papryki
- 1 łyżka (11g) drobno posiekanej czerwonej cebuli
- 1 łyżka (3,6g) drobno posiekanego szpinaku
- 1 łyżka (20g) startego sera cheddar
- 2 łyżki (50g) pokruszonego boczku

Wskazówki:

a) Ubij jajka i śmietanę na jasną i puszystą masę.

b) Dodaj pozostałe składniki, dopraw i ubij do połączenia.

c) Wylej na silikonowe foremki o wymiarach 4 x 5 cm.

d) Gotuj w 160°C przez 7 minut.

e) Przetestuj środek jednego za pomocą wykałaczki. Kiedy wykałaczka jest czysta, jajka zastygły.

41. Pieczone jajka z awokado

Służy 2

Składniki:

- 1 awokado (216g), pokrojone na pół, bez pestek
- 2 duże jajka (po 51g)
- 1 łyżka (5g) posiekanego szczypiorku

Wskazówki:

a) Wyłóż koszyk frytkownicy na powietrze papierem do pieczenia.

b) Umieść połówki awokado w koszyku frytownicy.

c) Na każdą porę wbić jajko i posypać szczypiorkiem.

d) Gotuj w 180°C, 5 minut dla miękkiego, płynnego jajka i 6 do 7 minut dla twardszego jajka.

42. Chrupiące Roll-upy Salami

Sprawia, że 12

Składniki:

- 250g serka śmietankowego
- 2 łyżki stołowe (23g) kaparów, odsączonych i posiekanych
- 1 łyżka (5g) drobno posiekanej bazylii
- 12 rund salami węgierskiego (276g)

Wskazówki:
a) W małej misce wymieszaj serek, kapary i bazylię.

b) Dopraw pieprzem.

c) Połóż salami na czystej powierzchni i rozprowadź na każdym sporą łyżkę mieszanki.

d) Zwiń się i umieść stroną ze szwem w dół w koszyku frytownicy.

e) Gotuj w 180°C przez 7 minut.

43. Salsa Toped Haloumi Kliny

Służy 4

Składniki:

- 100g marynowanej, prażonej papryki, posiekanej
- 1 dojrzały pomidor, posiekany i posiekany
- 6 oliwek Kalamata, posiekanych (24g)
- 6 listków bazylii, grubo posiekanych (5g)
- 300g blok sera Haloumi

Wskazówki:

a) Połącz paprykę, pomidor, oliwki, bazylię i łyżeczkę zarezerwowanego oleju w małej misce. Dopraw do smaku i odstaw.

b) Pokrój blok Haloumi na ćwiartki, a następnie każdą ćwiartkę na pół, tworząc 8 klinów.

c) Posmaruj każdy zarezerwowanym olejem i umieść go we frytownicy.

d) Gotuj w 180°C przez 5 minut. Odwróć i gotuj kolejne 2 minuty lub do uzyskania złotego koloru.

e) Podawaj z pyszną, zdrową dla serca salsą.

44. Smażone zielone pomidory

Porcje: 4

Składniki:
- 2 zielone pomidory (3, jeśli są mniejsze)
- sól i pieprz
- 1/2 szklanki mąki uniwersalnej
- 2 duże jajka
- 1/2 szklanki maślanki
- 1 szklanka okruchów Panko
- 1 szklanka żółtej mąki kukurydzianej

Wskazówki:
a) Pokrój pomidory na plasterki 1/4 cala. Osuszyć papierowym ręcznikiem i dobrze doprawić solą i pieprzem.
b) Umieść mąkę w płytkim naczyniu lub talerzu do ciasta lub dla łatwego czyszczenia użyj papierowego talerza.
c) Wymieszaj jajka i maślankę w płytkim naczyniu lub misce.
d) Połącz okruchy Panko i mąkę kukurydzianą w płytkim naczyniu lub talerzu do ciasta lub dla łatwego czyszczenia użyj papierowego talerza.
e) Rozgrzej frytownicę do 400 stopni.
f) Plastry pomidora obtoczyć w mące, zanurzyć w mieszance jajecznej, a następnie wcisnąć z obu stron masę z okruchów panko. Posyp je trochę więcej soli.
g) Spryskaj koszyk frytkownicy powietrznej olejem i umieść w nim 4 plastry pomidora. Spryskaj wierzchy olejem. Smażyć na powietrzu przez 5 minut.
h) Odwrócić pomidory, spryskać olejem i smażyć jeszcze przez 3 minuty.
i) W razie potrzeby podawać z sosem Comeback.

45. Smażone Przyprawione Jabłka

Wydajność: 4 porcje

Składniki

- 4 małe jabłka, pokrojone w plastry
- 2 łyżki ghee lub oleju kokosowego, roztopionego
- 2 łyżki cukru
- 1 łyżeczka przyprawy do szarlotki

Wskazówki:

a) Włóż jabłka do miski. Skrop ghee lub olejem kokosowym i posyp cukrem i przyprawą do szarlotki. Wymieszaj, aby równomiernie pokryć jabłka.
b) Umieść jabłka na małej patelni przeznaczonej do frytkownic powietrznych, a następnie umieść je w koszu.
c) Ustaw frytownicę na 350° na 10 minut. Jabłka nakłuć widelcem, aby były miękkie.
d) W razie potrzeby włóż z powrotem do frytownicy na dodatkowe 3-5 minut.
e) Podawać z lodami lub bitą posypką.

46. Roladki jajeczne z awokado

wydajność: 4 PORCJE

Składniki

- 2 duże awokado

- 2 paski boczku, ugotowane i posiekane

- 1/4 czerwonej cebuli, pokrojonej w kostkę

- 2 ząbki czosnku, posiekane

- 1 łyżki posiekanej kolendry

- Sok z pół limonki

- 1/2 łyżeczki soli

- 1/4 łyżeczki czarnego pieprzu (pomiń w przypadku AIP)

- 4 okłady kokosowe

- Olej z awokado do rozczesywania okładów

Wskazówki:

a) Rozgnieć awokado w średniej misce i połącz z boczkiem, czerwoną cebulą, kolendrą, czosnkiem, solą, pieprzem i sokiem z limonki. Odłożyć na bok.

b) Dodaj jedną czwartą nadzienia na środek każdego okładu kokosowego, uważając, aby nie przepełnić. Zwiń folię, składając dolną krawędź w około jedną trzecią drogi, a następnie złóż w dwóch rogach i ciasno zwijając jajko. Dodaj odrobinę wody do krawędzi rolki jajka, aby uszczelnić. Powtórz z każdym z 4 okładów kokosowych.

c) Rozgrzej frytkownicę do 250 F i przygotuj bułki, bardzo delikatnie posmaruj je olejem z awokado.

d) Włóż roladki do frytkownicy i ustaw je na 4-5 minut.

e) Ostrożnie wyjmij z frytownicy szczypcami.

f) Pozostawić do ostygnięcia przed podaniem samodzielnie lub z dodatkiem sosu z kwaśnej śmietany lub sosu z limonki z kolendry.

GŁÓWNE DANIE

47. Frytownica dorsza

Na 2 porcje

Składniki:

- 1/4 szklanki beztłuszczowego włoskiego sosu do sałatek
- 1/2 łyżeczki cukru
- 1/8 łyżeczki soli
- 1/8 łyżeczki proszku czosnkowego
- 1/8 łyżeczki curry w proszku
- 1/8 łyżeczki papryki
- 1/8 łyżeczki pieprzu
- 2 filety z dorsza (6 uncji każdy)
- 2 łyżeczki masła

Wskazówki:

a) Rozgrzej frytownicę do 370°. W płytkiej misce wymieszaj pierwsze 7 składników; dodać dorsza, zwracając się do płaszcza. Odstawić na 10-15 minut.

b) Umieść filety w jednej warstwie na wysmarowanej tacce w koszu frytownicy z powietrzem; wyrzucić pozostałą marynatę. Smaż widelcem, aż ryba zacznie się lekko kruszyć, 810 minut. Na wierzch z masłem.

48. Klopsiki z frytownicy

Przygotowanie: 30 min. Gotowanie: 10 min.

Na 4 porcje

Składniki:

- 1/2 szklanki startego parmezanu
- 1/2 szklanki posiekanego sera mozzarella
- 1 duże jajko, lekko ubite
- 2 łyżki ciężkiej śmietany do ubijania
- 1 ząbek czosnku, posiekany
- 1-funtowa chuda mielona wołowina (90% chudego)

Sos:

- 1 puszka (8 uncji) sosu pomidorowego z bazylią, czosnkiem i oregano
- 2 łyżki przygotowanego pesto
- 1/4 szklanki ciężkiej śmietany do ubijania

Wskazówki:

a) Rozgrzej frytownicę do 350°. W dużej misce połącz pierwsze 5 składników. Dodaj wołowinę; wymieszać lekko, ale dokładnie. Uformuj w 11/2in. kulki. Umieść w jednej warstwie na wysmarowanej tacce w koszyku do frytownicy powietrznej; gotuj, aż lekko się zrumieni i ugotuj, 810 minut.

b) W międzyczasie w małym rondelku wymieszaj składniki sosu; ciepło przez. Podawać z klopsikami.

c) Opcja zamrażania: Zamrażaj schłodzone klopsiki w pojemnikach zamrażarki. Aby użyć, częściowo rozmrozić w lodówce przez noc. Rozgrzej frytownicę do 350°. Podgrzewaj aż do podgrzania, 35 minut. Zrób sos zgodnie z zaleceniami.

49. Buraki z Pomarańczową Gremolatą

Przygotowanie: 25 min. Gotowanie: 45 min. + chłodzenie

Na 12 porcji

Składniki:

- 3 średnie świeże buraki złote (około 1 funta)
- 3 średnie świeże buraki (około 1 funta)
- 2 łyżki soku z limonki
- 2 łyżki soku pomarańczowego
- 1/2 łyżeczki drobnej soli morskiej
- 1 łyżka mielonej świeżej pietruszki
- 1 łyżka mielonej świeżej szałwii
- 1 ząbek czosnku, posiekany
- 1 łyżeczka startej skórki z pomarańczy
- 3 łyżki pokruszonego koziego sera
- 2 łyżki pestek słonecznika

Wskazówki:

a) Rozgrzej frytownicę do 400°.

b) Wyszoruj buraki i przytnij wierzchołki o 1 cal. Umieść buraki na podwójnej grubości wytrzymałej folii (około 24x12 cali). Zawiń folię wokół buraków, szczelnie zamykając.

c) Umieść w jednej warstwie na tacy w koszyku do frytownicy powietrznej. Gotuj do miękkości, 4555 minut. Ostrożnie otwórz folię, aby umożliwić ujście pary.

d) Gdy jest wystarczająco chłodny, obierz buraki, obierz na pół i pokrój w plastry; umieścić w misce do serwowania. Dodaj sok z limonki, sok pomarańczowy i sól; wrzucić do płaszcza. Połącz pietruszkę, szałwię, czosnek i skórkę pomarańczową; posyp buraki. Udekoruj kozim serem i ziarnami słonecznika. Podawaj na ciepło lub schłodzone.

50. Łosoś ze Szpinakiem Balsamicznym

Na 4 porcje

Składniki:

a) 3 łyżeczki oliwy z oliwek, podzielone

b) 4 filety z łososia (6 uncji każdy)

c) 11/2 łyżeczki przyprawy do owoców morza o obniżonej zawartości sodu

d) 1/4 łyżeczki pieprzu

e) 1 ząbek czosnku, pokrojony

f) Dash pokruszone płatki czerwonej papryki

g) 10 filiżanek świeżego szpinaku (około 10 uncji)

h) 6 małych pomidorów, posiekanych i pokrojonych w 1/2 cala. sztuki

i) 1/2 szklanki octu balsamicznego

Wskazówki:

a) Rozgrzej frytownicę do 450°. Natrzyj 1 łyżeczkę oleju z obu stron łososia; posyp przyprawą do owoców morza i pieprzem.

b) W razie potrzeby partiami umieść łososia na wysmarowanej tłuszczem tacy w koszu frytownicy. Smaż widelcem, aż ryba zacznie się lekko kruszyć, 1012 minut.

c) W międzyczasie umieść resztę oleju, czosnku i płatków pieprzu w 6 qt. magazyn; podgrzewać na średnim ogniu, aż czosnek zmięknie przez 34 minuty. Zwiększ ciepło do średnio-wysokiego.

d) Dodaj szpinak; gotować i mieszać, aż zwiędnie, 34 minuty. Wymieszać z pomidorami; ciepło przez. Podziel na 4 porcje.

e) W małym rondelku zagotować ocet. Gotuj, aż ocet zmniejszy się o połowę, 23 minuty. Natychmiast zdejmij z ognia.

f) Przed podaniem połóż łososia na mieszance szpinakowej. Skrop glazurą balsamiczną.

51. Smażony Patty Pan Squash czosnkowo-ziołowy

Na 4 porcje

Składniki:

- 5 filiżanek squasha z małymi pasztecikami na pół (około 11/4 funta)
- 1 łyżka oliwy z oliwek
- 2 ząbki czosnku, posiekane
- 1/2 łyżeczki soli
- 1/4 łyżeczki suszonego oregano
- 1/4 łyżeczki suszonego tymianku
- 1/4 łyżeczki pieprzu
- 1 łyżka mielonej świeżej pietruszki

Wskazówki:

a) Rozgrzej frytkownicę do 375°. Umieść dynię w dużej misce. Wymieszaj olej, czosnek, sól, oregano, tymianek i pieprz; mżawka nad kabaczek.

b) Rzuć do płaszcza. Umieść dynię na wysmarowanej tłuszczem tacy w koszyku frytownicy z powietrzem. Gotuj do miękkości, 1015 minut, od czasu do czasu mieszając.

c) Posyp natką pietruszki.

52. Frytkownica Migdałowa Kurczak

Na 2 porcje

Składniki:

- 1 duże jajko
- 1/4 szklanki maślanki
- 1 łyżeczka soli czosnkowej
- 1/2 łyżeczki pieprzu
- 1 szklanka posiekanych migdałów, drobno posiekanych
- 2 połówki piersi kurczaka bez kości bez skóry (6 uncji każda)
- Opcjonalnie: sos do sałatek ranczo, sos barbecue lub musztarda miodowa

Wskazówki:

a) Rozgrzej frytownicę do 350°. W płytkiej misce ubij jajko, maślankę, sól czosnkową i pieprz. Umieść migdały w innej płytkiej misce. Zanurz kurczaka w mieszaninie jajek, a następnie w migdałach, poklepując, aby powłoka lepiej przylegała.

b) Ułóż kurczaka w jednej warstwie na wysmarowanej tłuszczem tacy w koszu frytownicy powietrznej; spritz z sprayem do gotowania.

c) Smaż, aż termometr włożony do kurczaka pokaże co najmniej 165°, 15-18 minut. W razie potrzeby podawaj z dressingiem ranczo, sosem barbecue lub musztardą.

53. Krewetki

Porcje: 4

Składniki:

- 4 łyżki masła
- 1 łyżka soku z cytryny
- 1 łyżka stołowa (czosnek mielony
- 2 łyżeczki płatków czerwonej papryki
- 1 łyżka posiekanego szczypiorku
- 1 łyżka posiekanej świeżej bazylii
- 2 łyżki wywaru z kurczaka
- 1 funt surowych krewetek

Wskazówki:

a) Zmień frytownicę na 330F. Umieść w nim metalową patelnię 6 x 3 i pozwól jej się nagrzać, podczas gdy zbierzesz składniki.

b) Włóż masło, czosnek i płatki czerwonej papryki na rozgrzaną 6 calową patelnię.

c) Gotuj przez 2 minuty, mieszając raz, aż masło się rozpuści. Nie pomijaj tego kroku. To właśnie wlewa czosnek do masła, co sprawia, że wszystko smakuje tak dobrze.

d) Otwórz frytownicę, dodaj masło, sok z cytryny, zmielony czosnek, płatki czerwonej papryki, szczypiorek, bazylię, bulion drobiowy i krewetki w podanej kolejności, delikatnie mieszając.

e) Gotuj krewetki przez 5 minut, mieszając raz. W tym momencie masło powinno być dobrze roztopione i płynne, kąpiąc krewetki w przyprawach.

f) Bardzo dobrze wymieszaj, wyjmij 6-centymetrową patelnię za pomocą silikonowych rękawiczek i pozostaw na 1 minutę na blacie. Robisz to, aby krewetka gotowała się w cieple resztkowym, zamiast pozwolić, aby przypadkowo się rozgotowała i zrobiła się gumowata.

g) Zamieszać pod koniec minuty. W tym momencie krewetki powinny być dobrze ugotowane.

h) Posyp dodatkowymi świeżymi liśćmi bazylii i ciesz się.

54. Frytownica powietrzna Caprese nadziewany kurczak

Wydajność: 23 porcje

Składniki:

- 2 duże piersi z kurczaka bez kości i skóry
- 1 pomidor Roma, pokrojony w plastry
- 1/4 funta świeżej mozzarelli, pokrojonej w plastry
- 6 świeżych liści bazylii
- 1 łyżka włoskiej przyprawy
- 1 łyżeczka soli
- 1/2 łyżeczki pieprzu
- 1 łyżeczka oliwy z oliwek z pierwszego tłoczenia
- 1 łyżeczka octu balsamicznego (opcjonalnie)
- Szczypta soli i pieprzu

Wskazówki:

a) Przygotuj faszerowanego kurczaka Caprese: pokrój szeroką kieszeń w grubą stronę każdej piersi z kurczaka, przecinając ją prawie na drugą stronę, ale nie do końca. Otwórz kurczaka z motylami. Kurczaka skropić równomiernie oliwą i doprawić solą i pieprzem.

b) Na prawej połowie każdej piersi z kurczaka ułóż plasterki mozzarelli, plastry pomidora i świeżą bazylię.

c) Ostrożnie złóż lewą stronę kurczaka z motylkami na prawą i zamknij 24 wykałaczkami.

d) Dopraw wierzch każdej piersi przyprawą włoską oraz szczyptą soli i pieprzu.

e) Spryskaj sprayem do gotowania na wierzch każdej przyprawionej piersi z kurczaka

f) Rozgrzej frytownicę do 350 stopni F.

g) Wyłóż kosz wyściółką lub folią do frytownicy powietrznej. Dodaj przygotowane nadziewane piersi z kurczaka.

h) Gotuj 350 stopni 2530 minut lub do momentu, gdy wewnętrzna temperatura kurczaka osiągnie 165 stopni F.

i) Przed podaniem skrop octem balsamicznym (jeśli używasz).

55. Frytownica Ziołowa Łosoś

Porcje: 2

Składniki:

- 8 uncji Filety z łososia Sizzle Fish, ja użyłam dwóch 4 uncji filetów z łososia Sizzle Fish Sockeye
- 1 łyżeczka ziół prowansalskich
- 1/4 łyżeczki naturalnej pradawnej soli morskiej
- 1/4 łyżeczki czarnego pieprzu
- 1/4 łyżeczki Papryki Wędzonej
- 2 łyżki oliwy z oliwek
- 1 łyżka masła przyprawowego

Wskazówki:
a) Osusz filety ręcznikiem papierowym i delikatnie przetrzyj powierzchnię, aby upewnić się, że nie ma kości

b) Skrop rybę oliwą i wetrzyj ją z obu stron fix

c) Wymieszaj przyprawy i posyp je z obu stron ryby

d) Obróć frytownicę do 390 stopni i gotuj przez 58 minut.

e) Rozpuść przyprawione masło przez 30 sekund w kuchence mikrofalowej i polej nim rybę przed jedzeniem.

56. Steki z grzybów

Porcje: 4

Składniki:

- 4 duże grzyby Portobello
- 23 łyżki oliwy z oliwek
- 2 łyżeczki sosu sojowego tamari
- 1 łyżeczka purée czosnkowego
- sól dla smaku

Wskazówki:

a) Rozgrzej frytownicę do 350F / 180C.

b) Oczyść grzyby wilgotną szmatką lub szczotką i usuń ich szypułki.

c) W misce wymieszaj oliwę, sos sojowy tamari, purée czosnkowe i sól.

d) Dodaj pieczarki i mieszaj, aż zostaną pokryte. Możesz również użyć pędzla, aby pokryć grzyby mieszanką. Możesz gotować od razu lub odstawić grzyby na 10 minut przed gotowaniem.

e) Dodaj grzyby do koszyka frytownicy i gotuj przez 810 minut.

f) Podawaj czosnkowe grzyby Air Fryer Mushrooms z odrobiną sałaty.

57. Miski do steków i warzyw

wydajność: 6

Składniki:

- 2 steki KC Strips
- 1 szklanka czerwonej papryki, pokrojonej w kostkę
- 1 szklanka zielonej papryki, pokrojonej w kostkę
- 1 szklanka żółtej dyni, pokrojonej w kostkę
- 1 szklanka grzyba, pokrojona
- 1/4 szklanki białej cebuli, pokrojonej w kostkę
- 1/2 łyżki przyprawy do steków
- Spray do gotowania oliwy z oliwek

Wskazówki:

a) Pokrój stek na mniejsze kawałki pokrojone w kostkę.

b) Spryskaj kosz frytkownicy powietrznej.

c) Włóż steki i warzywa do frytownicy.

d) Posyp równomiernie przyprawą.

e) Spryskaj oliwą w sprayu.

f) Gotuj przez 7 minut w 390 stopniach.

g) Ostrożnie otwórz pokrywkę i wymieszaj i wymieszaj składniki, posmaruj dodatkowym sprayem z oliwy z oliwek.

h) Gotuj przez dodatkowe 8 minut w temperaturze 390 stopni lub do czasu, aż wszystko będzie gotowe.

58. Frytownica z krewetkami i warzywami

wydajność: 4

Składniki:

- Mała Krewetka Obrana i Wyjęta
- 1 torba mrożonych warzyw mieszanych
- 1 łyżka przyprawy Cajun
- Oliwa z oliwek w sprayu
- Gotowany ryż

Wskazówki:

a) Dodaj krewetki i warzywa do frytownicy.

b) Dodaj przyprawę Cajun i spryskaj równomierną warstwą sprayu.

c) Gotuj w 355 stopniach przez 10 minut.

d) Ostrożnie otwórz i wymieszaj krewetki i warzywa.

e) Kontynuuj gotowanie przez dodatkowe 10 minut w 355 stopniach.

f) Podawać na ugotowanym ryżu.

59. Szparagi, parmezan i chrupki wieprzowe

Służy 4

Składniki:

- 2 pęczki świeżych szparagów (po 130g)
- 1 duże ubite jajko (51g)
- ½ łyżeczki (1g) proszku czosnkowego
- ½ szklanki (12g) pokruszonych skórek wieprzowych
- 2 łyżki (40g) startego parmezanu

Wskazówki:

a) Wyłóż frytownicę powietrzną papierem do pieczenia.

b) Na talerzu wymieszać proszek czosnkowy, pokruszone skórki wieprzowe i parmezan. Dopraw solą morską i pieprzem.

c) Obtocz szparagi w płynie do jajek, a następnie w przyprawie.

d) Umieść w koszyku frytownicy. Gotuj w 180°C przez 4 minuty.

e) Obróć i gotuj przez dodatkowe 4 minuty lub do uzyskania złotego i chrupiącego koloru.

60. Łosoś ze słodką musztardą

Służy 2

Składniki:

- 2 duże filety z łososia (440g)
- 1 łyżeczka (4,6g) oliwy z oliwek
- 2 łyżki (46g) musztardy pełnoziarnistej
- 1 łyżka stołowa (12g) Natvia
- 1 ząbek czosnku, pokruszony (3g)
- ½ łyżeczki (1,3g) liści tymianku

Wskazówki:
a) W małej misce wymieszaj wszystkie składniki.

b) Posmaruj łososiem i gotuj w 180°C przez 12 minut.

61. Pesto Kotlety Jagnięce z Parmezanem

Służy 2

Składniki:

- 4 kotlety jagnięce (300g)
- 2 łyżki (46g) pesto bazyliowego
- 2 łyżki (40g) startego parmezanu

Wskazówki:

a) Rozgrzej frytownicę do 180°C przez 3 minuty.

b) Umieść kotlety jagnięce we frytownicy.

c) Gotuj w 200°C przez 5 minut.

d) Wymieszać pesto bazyliowe z parmezanem i doprawić pieprzem.

e) Obróć kotlety i posyp mieszanką pesto.

f) Gotuj przez 7 minut.

g) Odpocznij przez 5 minut przed wyjęciem do podania.

62.   Kotlety Prosciutto i Pesto

Służy 2

Składniki:

a) 4 kotlety jagnięce (216g)

b) 4 plastry prosciutto (70g)

c) 2 łyżki (46g) pesto bazyliowego

Wskazówki:

a) Rozgrzej frytkownicę do 180°C przez 3 minuty. Umieść kotlety jagnięce we frytownicy. Gotuj w 200°C przez 5 minut.

b) W międzyczasie połóż 4 paski szynki na czystej powierzchni. Szczypcami wyjmij kotlety i połóż każdy na pasku szynki. Połóż każdy kotlet bazyliowym pesto, owiń prosciutto.

c) Wróć do koszyka frytownicy i gotuj w 180°C przez 7 minut. Odpocznij przez 5 minut przed wyjęciem do podania.

63. Pieczony Łosoś z Pesto

Porcje: 2

Składniki
- 4 filety z łososia o grubości 2 cali
- 2 uncje zielonego pesto
- Sól i czarny pieprz
- $\frac{1}{2}$ łyżki oleju rzepakowego do nasmarowania

Składniki na zielony sos
- 11/2 szklanki majonezu
- 2 łyżki jogurtu greckiego
- Sól i pieprz do smaku

Wskazówki
a) Łososia natrzyj pesto, solą, oliwą i czarnym pieprzem.
b) W małej misce wymieszaj wszystkie składniki zielonego sosu.
c) Włóż filety rybne do koszyka.
d) Ustaw tryb AIR FRY na 18 minut w temperaturze 390 stopni F.
e) Po zakończeniu gotowania podawaj z zielonym sosem.

64. Frytownica Kurczaka Chimichangas

Składniki

- 2 funty udka z kurczaka bez kości, bez skóry, ugotowane i posiekane
- 1 łyżka przyprawy do taco
- 1 (8 uncji) opakowanie serka śmietankowego, zmiękczonego
- 2 szklanki rozdrobnionego sera meksykańskiego
- 6 tortilli
- 1 łyżka oliwy z oliwek lub sprayu na oliwę z oliwek

Wskazówki:

a) Rozgrzej frytownicę powietrzną do 360 stopni.

b) Rozdrobnij udka z kurczaka.

c) Zmiksuj kurczaka, serek śmietankowy, tarty ser i przyprawy (w razie potrzeby).

d) Nabierz około ½ szklanki mieszanki kurczaka na środek każdej tortilli z mąki. Naciśnij w dół.

e) Złóż tortillę na nadzieniu, składając najpierw boki, a następnie zwijając chimichangę jak burrito.

f) Posmaruj oliwą z oliwek ze wszystkich stron każdej chimichangi lub równomiernie spryskaj oliwą z oliwek. Umieść w koszu frytownicy szwem do dołu.

g) Gotuj we frytownicy przez około 4 minuty, a następnie odwróć i gotuj przez kolejne 4 do 8 minut.

h) Podawać z awokado, dodatkowym serem, kwaśną śmietaną, salsą lub ulubionymi dodatkami.

65. Makaron z Serową Cukinią

wydajność: 2

Składniki
- 4 szklanki makaronu z cukinii
- 2 łyżki majonezu
- 1/2 szklanki parmezanu, startego
- Dopraw solą i czarnym pieprzem (opcjonalnie)

Wskazówki:

a) Zrób z cukinii makaron. Kuchenka mikrofalowa przez 3 minuty.

b) Weź ręcznik papierowy i spróbuj wchłonąć wilgoć, która może zgromadzić się w misce i cukinii.

c) Wymieszaj makaron z cukinii, majonez i parmezan. Upewnij się, że dobrze pokryłeś makaron.

d) Spryskaj koszyk frytkownicy powietrznej sprayem do gotowania.

e) Umieść makaron w koszu i gotuj w temperaturze 400°F przez 5-7 minut.

f) Sprawdź po 5 minutach, aby upewnić się, że nie zbrązowieją.

DODATKI

66. Balsamiczna Brukselka i Boczek

Porcje: 4

Składniki:

- ¾ do 1 funta brukselki
- 1 łyżeczka oliwy z oliwek
- 1 łyżeczka octu balsamicznego
- 2 plastry boczku, bez azotanów
- 1 szczypta soli i pieprzu do smaku

Wskazówki:

a) Najpierw umyj i przytnij brukselkę. Przytnij twardy koniec łodygi i usuń wszelkie uszkodzone liście. Osusz je.

b) Rozgrzej frytownicę do 380°F. przez 3 minuty

c) W średniej misce wrzucić olej i ocet balsamiczny.

d) Pokrój plastry bekonu na jednocalowe kawałki. Dodaj kiełki do koszyka frytkownicy i przykryj kawałkami bekonu.

e) Smażyć na powietrzu przez 16 -18 minut, potrząsając koszem przynajmniej raz w połowie czasu gotowania.

f) Sprawdź, czy jest wysmażone widelcem i w razie potrzeby dodaj minutę lub dwie więcej czasu smażenia.

67. Czosnek Parmezan Pieczona Rzodkiewka

wydajność: 2 PORCJE

Składniki:

- 12 uncji. torba Rzodkiewki, przycięta i przekrojona na pół
- 1 łyżka (16g) oliwy z oliwek, podzielona
- 1 ząbek czosnku, zmiażdżony
- Szczypta koszernej soli
- 2 łyżki (15g) tartego parmezanu
- 1/4 łyżeczki płatków czerwonej papryki i pietruszki

Wskazówki:

a) Pokrój rzodkiewki na pół (ćwierć każdej bardzo dużej rzodkiewki) i wymieszaj z 1/2 łyżką (8 g) oliwy z oliwek. Dodaj rzodkiewki do koszyka do frytownicy i gotuj przez 8 minut w temperaturze 400°F.

b) W tej samej misce dodaj pozostałe 1/2 łyżki oliwy z oliwek, zmiażdżony czosnek, sól, czerwoną paprykę i płatki pietruszki. Wszystko razem wymieszaj.

c) Po 8 minutach we frytownicy wrzuć rzodkiewki z powrotem do miski z mieszanką oliwy z oliwek, wymieszaj, aby równomiernie się pokryły. Dodaj starty parmezan i wszystko razem wymieszaj, aż rzodkiewki zostaną równomiernie pokryte parmezanem.

d) Umieść rzodkiewki z powrotem w koszyku frytownicy i smaż przez dodatkowe 68 minut w temperaturze 400°F, aż będą chrupiące i złocistobrązowe.

68. Frytownica kalafiorowa

Porcje: 4

Składniki:

- 3/4 łyżki ostrego sosu
- 1 łyżka oleju z awokado
- Sól dla smaku
- 1 średnia główka kalafiora pokrojona w kęsy umyta i całkowicie wytarta na sucho

Wskazówki:
a) Rozgrzej frytownicę do 400F / 200C

b) W dużej misce wymieszaj ostry sos, mąkę migdałową, olej z awokado i sól.

c) Dodaj kalafior i wymieszaj, aż się pokryje.

d) Dodaj połowę kalafiora do frytkownicy i smaż przez 1215 min (lub do momentu, gdy brzegi będą chrupiące z odrobiną, lub osiągną pożądany stopień wysmażenia).

e) Pamiętaj, aby otworzyć frytownicę i 23 razy potrząśnij koszem do smażenia, aby obrócić kalafior. Usuń i odłóż na bok.

f) Dodaj drugą porcję, ale gotuj przez 23 minuty krócej.

g) Podawaj na ciepło (choć można je również podawać na zimno) z dodatkowym ostrym sosem do maczania.

69. Frytki Jicama

Porcje 4

Składniki:

- 8 filiżanek Jicama, obranych, pokrojonych w cienkie zapałki
- 2 łyżki oliwy z oliwek
- 1/2 łyżeczki czosnku w proszku
- 1 łyżeczka kminku
- 1 łyżeczka soli morskiej
- 1/4 łyżeczki pieprzu czarnego
- 1/2 szklanki sera Cheddar (rozdrobnionego)
- 1/4 szklanki zielonej cebuli (posiekana)

Wskazówki:

a) Zagotuj na kuchence duży garnek z wodą. Dodaj frytki jicama i gotuj przez 12 do 15 minut, aż nie będą chrupiące.

b) Gdy jicama nie jest już chrupiąca, usuń i osusz.

c) Nastaw piekarnik do frytkownicy powietrznej na 400 stopni i pozwól mu się rozgrzać przez 2 do 3 minut. Nasmaruj stojaki lub kosz frytownic powietrznych, których będziesz używać.

d) Włóż frytki do dużej miski razem z oliwą z oliwek, sproszkowanym czosnkiem, kminkiem i solą morską. Rzuć do płaszcza.

70. Kaboby warzywne

Porcje: 6

Składniki:

- 1 szklanka (75g) pieczarek
- 1 szklanka (200g) pomidorków winogronowych
- 1 mała cukinia pokrojona w kawałki
- 1/2 łyżeczki mielonego kminku
- 1/2 papryki w plasterkach
- 1 mała cebula pokrojona na kawałki (lub 34 małe szalotki, pokrojone na pół)
- Sól dla smaku

Wskazówki:

a) Szaszłyki moczyć w wodzie przez co najmniej 10 minut przed użyciem.

b) Rozgrzej frytownicę powietrzną do 390F / 198C.

c) Nałóż warzywa na szaszłyki.

d) Włóż szaszłyki do frytownicy i upewnij się, że się nie stykają. Jeśli koszyk frytownicy jest mały, konieczne może być przycięcie końcówek szaszłyków, aby pasowały.

e) Gotuj przez 10 minut, obracając w połowie czasu gotowania. Ponieważ temperatury frytownicy mogą się różnić, zacznij od mniej czasu, a następnie dodaj więcej w razie potrzeby.

f) Przełóż szaszłyki warzywne na talerz i podawaj.

71.   Spaghetti Squash

Porcje: 2

Składniki:

- 1 (2 funty) dynia do spaghetti
- 1 szklanka wody
- Kolendra do podania
- 2 łyżki świeżej kolendry do przybrania

Wskazówki:

a) Pokrój kabaczek na pół. Usuń nasiona z ich środka.
b) Wlej szklankę wody do wkładu Instant Pot i umieść w nim podstawkę.
c) Ułóż dwie połówki dyni na podstawce, skórą do dołu.
d) Zabezpiecz pokrywkę i wybierz „Ręcznie" pod wysokim ciśnieniem przez 20 minut.
e) Po sygnale zwolnij przycisk Natural i zdejmij pokrywkę.
f) Usuń kabaczek i użyj dwóch widelców, aby rozdrobnić go od środka.
g) W razie potrzeby podawać z pikantnym farszem wieprzowym.

72. Sałatka z Komosy Ogórkowej

Porcje: 4

Składniki:

- ½ szklanki spłukanej komosy ryżowej
- ¾ szklanka wody
- ¼ łyżeczki soli
- ½ marchewki, obranej i posiekanej
- ½ ogórka posiekanego
- ½ szklanki mrożonego edamame, rozmrożonego
- 3 zielone cebule, posiekane
- 1 szklanka posiekanej czerwonej kapusty
- ½ łyżki sosu sojowego
- 1 łyżka soku z limonki
- 2 łyżki cukru
- 1 łyżka oleju roślinnego
- 1 łyżka świeżo startego imbiru
- 1 łyżka oleju sezamowego
- szczypta płatków czerwonej papryki
- ½ szklanki orzeszków ziemnych, posiekanych
- ¼ szklanki świeżo posiekanej kolendry
- 2 łyżki posiekanej bazylii

Wskazówki:

a) Dodaj komosę ryżową, sól i wodę do Instant Pot.
b) Zabezpiecz pokrywkę i wybierz funkcję „Ręcznie" pod wysokim ciśnieniem przez 1 minutę.
c) Po sygnale szybko zwolnij i zdejmij pokrywę.
d) W międzyczasie dodaj pozostałe składniki do miski i dobrze wymieszaj.

e) Dodaj ugotowaną komosę ryżową do przygotowanej mieszanki i dobrze wymieszaj.
f) Podawać jako sałatkę.

73. Brukselka w glazurze klonowej

Porcje: 4

Składniki:

- 1 funt brukselki (przycięte)
- 2 łyżki świeżo wyciśniętego soku pomarańczowego
- ½ łyżeczki startej skórki z pomarańczy
- ½ łyżki maślanej pasty Earth Balance
- 1 łyżka syropu klonowego
- Sól i pieprz do smaku

Wskazówki:
a) Dodaj wszystkie składniki do Instant Pot.
b) Zabezpiecz pokrywkę i wybierz funkcję „Ręcznie" na 4 minuty pod wysokim ciśnieniem.
c) Zrób szybkie zwolnienie po sygnale dźwiękowym, a następnie zdejmij pokrywę.
d) Dobrze wymieszaj i natychmiast podawaj.

74. Limonkowe Ziemniaki

Porcje: 2

Składniki:

- ½ łyżki oliwy z oliwek
- 2 ½ średnich ziemniaków, wyszorowanych i pokrojonych w kostkę
- 1 łyżka świeżego rozmarynu, posiekanego
- Świeżo zmielony czarny pieprz do smaku
- ½ szklanki bulionu warzywnego
- 1 łyżka świeżego soku z cytryny

Wskazówki:

a) Do Instant Pot wlej olej, ziemniaki, pieprz i rozmaryn.
b) „Sauté" przez 4 minuty ciągle mieszając.
c) Dodaj wszystkie pozostałe składniki do Instant Pot.
d) Zabezpiecz pokrywkę i wybierz funkcję „Ręcznie" na 6 minut pod wysokim ciśnieniem.
e) Zrób szybkie zwolnienie po sygnale dźwiękowym, a następnie zdejmij pokrywę.
f) Delikatnie zamieszaj i podawaj na ciepło.

75. Mieszanka brukselki i pomidorów

Porcje: 4

Składniki:

- 1 funt brukselki; przycięte
- 6 pomidorków koktajlowych; o połowę
- 1/4 szklanki zielonej cebuli; posiekany.
- 1 łyżka oliwy z oliwek
- Sól i pieprz do smaku

Wskazówki:

a) Dopraw brukselki solą i pieprzem, włóż je do frytownicy i gotuj w 350°F przez 10 minut
b) Przełóż je do miski, dodaj sól, pieprz, pomidorki koktajlowe, zieloną cebulkę i oliwę z oliwek, dobrze wymieszaj i podawaj.

76.   rzodkiewka haszysz

Porcje: 4

Składniki:

- 1/2 łyżeczki cebuli w proszku
- 1/3 szklanki parmezanu; tarty
- 4 jajka
- 1 funt rzodkiewki; pokrojony
- 1/2 łyżeczki proszku czosnkowego
- Sól i pieprz do smaku

Wskazówki:

a) W misce; rzodkiewki wymieszać z solą, pieprzem, cebulą i czosnkiem w proszku, jajkiem i parmezanem, dobrze wymieszać
b) Przenieś rzodkiewki na patelnię, która pasuje do Twojej frytownicy i gotuj w 350
c) °F, przez 7 minut
d) Podziel hasz na talerze i podawaj.

77. Grzyby Z Ziołami i Śmietanką

Służy: 4

Składniki:

- 1 funt różnych grzybów, umytych i posiekanych
- 2 łyżki sosu sojowego bez cukru
- Sól i pieprz do smaku
- 1 łyżka oliwy z oliwek
- 2 łyżki świeżo posiekanej natki pietruszki do podania
- 2 łyżki kwaśnej śmietany do podania

Wskazówki:
a) Rozgrzej frytownicę do 180 stopni F
b) Umieść wszystkie składniki w worku próżniowym.
c) Zamknąć torebkę, włożyć do kąpieli wodnej i ustawić minutnik na 30 minut.
d) Gdy czas się skończy, natychmiast podawaj ze śmietaną i posiekaną natką pietruszki.

78. Szparag

Służy: 4

Składniki:

- 1-funtowe szparagi
- 1 ząbek czosnku, posiekany
- 1 łyżka oliwy z oliwek
- Sok z 1/2 cytryny
- Sól i pieprz do smaku

Wskazówki:

a) Rozgrzej swoją frytownicę do 135 stopni F
b) Umieść wszystkie składniki w worku próżniowym.
c) Zamknąć torebkę, włożyć do łaźni wodnej i ustawić minutnik na 1 godzinę.
d) Gdy czas się skończy, od razu podawaj jako dodatek lub przystawkę.

79. **Maślane Marchewki**

Służy: 4

Składniki:

- 1 funt obranej małej marchewki
- 2 łyżki masła
- Sól i pieprz do smaku
- 1 łyżka brązowego cukru

Wskazówki:

a) Rozgrzej frytownicę do 185 stopni F
b) Umieść wszystkie składniki w worku próżniowym.
c) Zamknąć torebkę, włożyć do łaźni wodnej i ustawić minutnik na 1 godzinę.
d) Gdy czas się skończy, od razu podawaj jako dodatek lub przystawkę.

80. Bakłażany w stylu azjatyckim

Służy: 4

Składniki:

- 1 funt bakłażanów pokrojonych w plastry
- 2 łyżki sosu sojowego bez cukru
- 6 łyżek oleju sezamowego
- 1 łyżka nasion sezamu do podania
- Sól i pieprz do smaku

Wskazówki:
a) Rozgrzej frytownicę do 185 stopni F
b) Umieść wszystkie składniki w worku próżniowym.
c) Zamknąć torebkę, włożyć do łaźni wodnej i ustawić minutnik na 50 min.
d) Gdy czas się skończy, podsmażyć bakłażany na żeliwnej patelni przez kilka minut.
e) Podawaj od razu posypane sezamem.

81. **Kukurydza Maślana w Kolbie**

Służy: 4

Składniki:

- 4 kłosy kukurydzy, umyte i przycięte
- 2 łyżki masła
- Sól dla smaku
- 2-3 gałązki pietruszki

Wskazówki:
a) Rozgrzej frytownicę do 185 stopni F
b) Włóż uszy kukurydzy do worka próżniowego i dodaj masło, sól i pietruszkę.
c) Zamknąć torebkę, włożyć do kąpieli wodnej i ustawić minutnik na 30 min.
d) Gdy czas się skończy, usuń gałązki pietruszki i podawaj kukurydzę.

82. Pikantna zielona fasola po chińsku

Służy: 4

Składniki:

- 1 funt długiej zielonej fasoli
- 2 łyżki sosu chili
- 2 ząbki czosnku, posiekane
- 1 łyżki cebuli w proszku
- 1 łyżka oleju sezamowego
- Sól dla smaku
- 2 łyżki nasion sezamu do podania

Wskazówki:
a) Rozgrzej frytownicę do 185 stopni F.
b) Umieść składniki w worku próżniowym.
c) Zamknąć torebkę, włożyć do łaźni wodnej i ustawić minutnik na 1 godzinę.
d) Posyp fasolę sezamem i podawaj.

83. Ziołowa mieszanka bakłażana i cukinii

Porcje: 4

Składniki:

- 1 bakłażan; z grubsza pokrojone w kostkę
- 3 cukinie; z grubsza pokrojone w kostkę
- 2 łyżki soku z cytryny
- 1 łyżeczka tymianku; wysuszony
- Sól i pieprz do smaku
- 1 łyżeczka oregano; wysuszony
- 3 łyżki oliwy z oliwek

Wskazówki:

a) Umieść bakłażana w naczyniu, które pasuje do Twojej frytownicy, dodaj cukinię, sok z cytryny, sól, pieprz, tymianek, oregano i oliwę z oliwek, wrzuć, wrzuć do frytownicy i gotuj w temperaturze 360 ° F przez 8 minut
b) Podziel na talerze i od razu podawaj.

84. Gotowany Bok Choy

Porcje: 2

Składniki:

- 1 ząbek czosnku, rozgnieciony
- 1 pęczek bok choy, przycięty
- 1 szklanka lub więcej wody
- Sól i pieprz do smaku

Wskazówki:
a) Dodaj wodę, czosnek i kapustę bok choy do Instant Pot.
b) Zabezpiecz pokrywkę i wybierz funkcję „Ręcznie" na 7 minut pod wysokim ciśnieniem.
c) Po sygnale szybko zwolnij i zdejmij pokrywę.
d) Odcedź ugotowaną kapustę bok choy i przełóż na półmisek.
e) Posyp solą i pieprzem.
f) Obsługiwać.

85. Frytkownica z bakłażanem

PORCJE: 2

Składniki

- 2 bakłażany dla dzieci
- 2 duże jajka
- 1 szklanka panko wieprzowego
- ¼ szklanki startego parmezanu
- 1 łyżeczka sproszkowanego czosnku
- 1 łyżeczka suszonej natki pietruszki
- ½ łyżeczki suszonego oregano
- ½ łyżeczki suszonej bazylii
- ¼ łyżeczki suszonego tymianku
- ¼ łyżeczki suszonego rozmarynu
- 2 łyżeczki startego parmezanu
- podgrzewany sos marinara (do maczania)

Wskazówki:

a) Odetnij łodygę i końcówki kwiatów z bakłażana. Obierz fioletową skórkę z bakłażana.

b) Pokrój obranego bakłażana w plasterki o grubości 1,27 cm i długości około 10-11 cm. Postaraj się, aby wszystkie były mniej więcej tej samej wielkości, aby uzyskać bardziej równomierne gotowanie. Cięcie grubszych lub cieńszych pałeczek z bakłażana zmieni czas smażenia na powietrzu.

c) Ubij dwa jajka w średniej wielkości misce.

d) W drugiej misce wymieszaj wieprzowe panko, $\frac{1}{4}$ szklanki parmezanu, puder czosnkowy, natkę pietruszki, oregano, bazylię, tymianek i rozmaryn.

e) Zanurz każdy smażony bakłażan w jajkach, a następnie obtocz go w mieszance z wieprzowiną panko. Umieść frytki w nie dotykającej się pojedynczej warstwie na tackach do frytownicy powietrznej. Przykryj wszystkie frytki.

f) Wskazówka: nie kładź frytek na tackach do frytkownicy powietrznej! W razie potrzeby ugotuj je w wielu partiach.

g) Włóż frytki z parmezanem z bakłażana do frytownicy na 5 minut w 375°F (190°C). Następnie zamień pozycję tac w piekarniku do smażenia na powietrzu i gotuj przez dodatkowe 5 minut w 375°F (190°C). Nie powinieneś przewracać frytek.

h) Jeśli w tym momencie frytki z bakłażana nie są wystarczająco miękkie w środku, ponownie zmień pozycję tac frytownicy powietrznej. Smażyć je na powietrzu przez kolejne 2-3 minuty w 375°F (190°C).

i) Posyp frytki z bakłażana pozostałymi 2 łyżeczkami parmezanu. Pozwól im trochę ostygnąć przed podaniem z ciepłym sosem marinara.

86. Frytownica Frytki Kalarepa

WYDAJNOŚĆ: 6

Składniki

- 1 funt oliwy z oliwek z pierwszego tłoczenia
- 2 łyżki grubej soli koszernej
- 1 łyżeczka papryki
- 1 łyżeczka czosnku w proszku
- ½ łyżeczki

Wskazówki:

a) Użyj ostrego noża szefa kuchni, aby odciąć liście z korzenia kalarepy.

b) Odetnij twardą zewnętrzną skórkę od korzenia.

c) Po obraniu korzeń należy pokroić w ćwierćcalowe krążki, a następnie pokroić w plasterki Julienne o grubości ź".

d) Włóż paski Julienne do dużej miski.

e) Dodaj resztę składników i dobrze wymieszaj. Włóż połowę frytek do koszyka frytkownicy i smaż w temperaturze 350 F przez 10 minut.

f) Wstrząśnij koszem, a następnie gotuj w wyższej temperaturze przez krótszy czas, czyli 6 minut w 400 F.

g) Powtórz z pozostałymi frytkami.

h) Spróbuj frytek, dodając więcej soli, jeśli chcesz. Podawać z keczupem.

ESER

87. Ciasteczka z kawałkami czekolady

Porcje 12 ciasteczek

Składniki:

- ½ szklanki masła
- szklanka serka śmietankowego
- 1 ubite jajko
- 1 łyżeczka ekstraktu waniliowego
- ⅓ szklanka erytrytolu
- ½ szklanki mąki kokosowej
- ⅓ szklanka kawałka czekolady bez cukru

Wskazówki:

a) Rozgrzej frytownicę do 350°F. Wyłóż kosz frytkownicy powietrznej pergaminem i umieść ciasteczka w środku

b) W misce wymieszaj masło i serek. Dodaj erytrytol i ekstrakt waniliowy i ubijaj na puszystą masę. Dodaj jajko i ubijaj, aż się połączy. Wymieszaj mąkę kokosową i wiórki czekoladowe. Odstaw ciasto na 10 minut.

c) Wyciągnij około 1 łyżki ciasta i uformuj ciasteczka.

d) Umieść ciasteczka w koszyku frytownicy i gotuj przez 6 minut.

88. Ciasteczka z frytkownicy powietrznej

wydajność: 2 PORCJE

Składniki:

- 1/3 szklanki mąki migdałowej
- 3 łyżki słodzika w proszku
- 1/2 łyżeczki proszku do pieczenia
- 2 łyżki niesłodzonego proszku kakaowego
- 1 jajko
- 4 łyżki masła, stopione
- 2 łyżki chipsów czekoladowych
- 2 łyżki posiekanych orzechów pekan

Wskazówki:
a) Rozgrzej frytownicę do 350 stopni.

b) W misce wymieszaj mąkę migdałową, proszek do pieczenia, kakao i słodzik w proszku.

c) Do suchych składników dodaj jajko i roztopione masło i ubijaj na wysokich obrotach na gładką masę.

d) Wymieszaj orzechy pekan i chipsy czekoladowe.

e) Rozdziel ciasto na dwie oddzielne, dobrze nasmarowane kokilki.

f) Smaż ciastka przez 10 minut jak najdalej od źródła ciepła na górze frytownicy.

89. Sernik Jagodowy

Wydajność: 8

Składniki:

- 2 bloki serka śmietankowego, zmiękczone
- 1 szklanka + 2 łyżki słodzika cukierniczego
- 2 jajka
- 1 łyżeczka ekstraktu z malin
- 1 szklanka jagód

Wskazówki:

a) W dużej misce ubij serek śmietankowy i słodzik Swerve, aż będą gładkie i kremowe.

b) Dodaj jajka i ekstrakt z malin. Dobrze wymieszaj.

c) W blenderze lub robocie kuchennym zmiażdż jagody, a następnie wymieszaj je z serową mieszanką wraz z 2 dodatkowymi łyżkami Swerve.

d) Smarujemy tortownicę, a następnie wlewamy łyżką do masy. Użyłem 7-calowej patelni w kształcie sprężyny.

e) Umieść patelnię w koszu frytownicy i gotuj w temperaturze 300 °F przez 10 minut. Następnie obniż temperaturę do 250 °F na 40 minut. Wiesz, że to się robi, kiedy delikatnie potrząsasz patelnią i wszystko wydaje się ustawione, ale środek lekko drży.

f) Wyjmij go i pozwól mu trochę ostygnąć przed włożeniem do lodówki. Przechowuj w lodówce przez 24 godziny. Im dłużej, tym lepiej pozwolić mu się całkowicie skonfigurować.

90. Pączki we frytownicy

Serwuje 6

Składniki:

- 1 ¼ szklanki mąki migdałowej 125 gram
- ⅓ kubek granulowany erytrytol 60 gram
- 1 łyżeczka proszku do pieczenia
- ¼ łyżeczki gumy ksantanowej
- ⅛ łyżeczka soli
- 2 jajka w temperaturze pokojowej
- 2 łyżki roztopionego oleju kokosowego
- 2 łyżki niesłodzonego mleka migdałowego
- ½ łyżeczki ekstraktu waniliowego
- ¼ łyżeczki płynnej stewii
- Cukier Cynamonowy
- 4 łyżki granulowanego erytrytolu
- 1 ½ łyżeczki cynamonu

Wskazówki:
a) W dużej misce wymieszaj mąkę migdałową, erytrytol, proszek do pieczenia, gumę ksantanową i sól.

b) W średniej misce lekko ubij jajka o temperaturze pokojowej. Wymieszaj roztopiony olej kokosowy, mleko migdałowe, wanilię i płynną stewię. Wlej mieszankę do miski z suchymi składnikami i mieszaj do połączenia.

c) Rozgrzej frytownicę do 330°F przez 3 minuty. Spryskaj patelnie do pączków lub foremki olejem z awokado.

d) Wylej ciasto do sześciu 3-calowych zagłębień na pączki, wypełniając około 3/4 objętości. Postukaj patelnią o blat, aby uspokoić ciasto i zredukować pęcherzyki powietrza.

e) Piecz pączki we frytownicy w temperaturze 330°F przez 8 minut. Sprawdź wykałaczką, czy jest gotowe.

f) Wyjmij pączki z frytownicy i pozostaw do ostygnięcia na patelni przez 5 minut. W międzyczasie wymieszaj w misce erytrytol i cynamon.

g) Po schłodzeniu ostrożnie wyjmij pączki z patelni i pokryj obie strony każdego pączka mieszanką cukru cynamonowego.

h) Włóż powlekane pączki do frytownicy płaską stroną do dołu. Piecz w 350°F przez 2 minuty i natychmiast pokryj cukrem cynamonowym na ostatni czas. Cieszyć się!

91. Ciasto Waniliowe Truskawkowe

Serwuje 6

Składniki:

- 1 szklanka (100g) mączki migdałowej
- ½ szklanki (75g) Natvia
- 1 łyżeczka (5g) proszku do pieczenia
- 2 łyżki (40g) oleju kokosowego
- 2 duże jajka (po 51g)
- 1 łyżeczka (5g) ekstraktu waniliowego
- 300 ml zimnej śmietany
- 200g świeżych dojrzałych truskawek

Wskazówki:

a) Rozgrzej frytownicę do 180°C przez 3 minuty.

b) W dużej misce wymieszaj mączkę migdałową, Natvię i proszek do pieczenia ze szczyptą soli morskiej.

c) Dodaj olej kokosowy, jajka i wanilię i wymieszaj, aby połączyć.

d) Lekko posmaruj 16 cm tortownicę dodatkowym olejem kokosowym.

e) Za pomocą łopatki zeskrob miksturę do formy do ciasta.

f) Włóż koszyk do frytownicy i przykryj folią.

g) Gotuj w 160°C przez 20 minut.

h) Usuń folię i gotuj przez kolejne 10 minut lub do momentu, gdy włożony szpikulec usunie się do czysta.

i) Po ostygnięciu ubijaj zimną śmietanę elektrycznym trzepaczką przez 5 minut lub do uzyskania sztywnych szczytów.

j) Rozłóż na torcie i ułóż pokrojone truskawki na wierzchu.

k) Zaczynając od zewnątrz, używaj większych plastrów (szpiczastą stroną na zewnątrz), stopniowo wsuwając się do środka.

l) Nałóż każdą warstwę, aby uzyskać wysokość.

92. szewc jagodowy

Służy 4

Składniki:

- 2 szklanki (250g) mrożonych jagód, rozmrożonych
- ½ szklanki (120g) zmiękczonego masła
- ¼ szklanki (38g) Natvia
- 2 jajka (po 51g)
- ½ szklanki (50g) mączki migdałowej
- 1 łyżeczka (5g) ekstraktu waniliowego

Wskazówki:

a) Rozgrzej frytownicę do 180°C przez 3 minuty.

b) Umieść rozmrożone jagody na dnie naczynia ceramicznego o wymiarach 8 x 8 cm lub formy do chleba.

c) W misce wymieszaj pozostałe składniki ze szczyptą soli morskiej i nałóż łyżką na jagody.

d) Delikatnie szturchnij, aby lekko wymieszać mieszankę jagód i migdałów.

e) Umieść naczynie we frytownicy.

f) Przykryj folią.

g) Piec w 180°C przez 10 minut. Zdejmij folię i piecz przez kolejne 5 minut lub do całkowitego zrumienienia.

93. Ciasto Czekoladowe Bundt

Serwuje 6

Składniki:

- 1 ½ szklanki (150g) mączki migdałowej
- ½ szklanki (75g) Natvia
- ⅓ szklanka (30g) niesłodzonego kakao w proszku
- 1 łyżeczka (5g) proszku do pieczenia
- ⅓ szklanki (85g) niesłodzonego mleka migdałowego
- 2 duże jajka (po 51g)
- 1 łyżeczka (5g) ekstraktu waniliowego

Wskazówki:

a) Rozgrzej frytownicę do 180°C przez 3 minuty.

b) W dużej misce wymieszaj wszystkie składniki, aż dobrze się połączą.

c) Spryskaj małą puszkę Bundt olejem. Uwaga: Formy do ciast Bundt są dostępne w różnych rozmiarach, rozmiar, którego potrzebujesz, będzie zależał od rozmiaru Twojej frytownicy. Lekki spryskanie olejem lub pędzlem z roztopionym masłem zapobiegnie przywieraniu.

d) Włóż ciasto do formy.

e) Umieść w koszyku frytownicy i gotuj w 160°C przez 10 minut.

f) Schłodzić przez 5 minut przed wyjęciem.

94.   Giant PB Cookie

Służy 4

Składniki:

- ⅓ szklanki (33g) mączki migdałowej
- 2 łyżki stołowe (24g) Natvia
- 1 duże jajko (51g)
- 3 łyżki (75g) chrupiącego masła orzechowego
- 1 łyżeczka (3g) cynamonu

Wskazówki:

a) Rozgrzej frytownicę do 180°C przez 3 minuty.

b) Wszystkie składniki wsyp do miski ze szczyptą soli morskiej i wymieszaj do połączenia.

c) Nałóż masę na okrągły papier do pieczenia i lekko dociśnij, aby się rozsmarować, zachowując możliwie równomierną grubość masy.

d) Gotuj w 180°C przez 8 minut.

95. Bajgle do frytkownicy powietrznej

Sprawia, że 4

Składniki:

- 1 szklanka (100g) mączki migdałowej
- ½ łyżeczki (2,3g) proszku do pieczenia
- ¼ szklanki (75g) rozdrobnionej mozzarelli
- 1 łyżka (20g) serka śmietankowego
- 1 duże jajko (51g)

Wskazówki:

a) Rozgrzej frytownicę do 180°C przez 3 minuty.

b) Wymieszaj mączkę migdałową i proszek do pieczenia. Dopraw szczyptą soli.

c) Rozpuść mozzarellę i serek śmietankowy w misce w kuchence mikrofalowej przez 30 sekund.

d) Ostudzić, a następnie dodać jajko. Mieszaj, aby połączyć.

e) Dodaj mączkę migdałową i zagnieć ciasto.

f) Podziel na 4 równe porcje, uformuj kiełbaski o długości 8cm.

g) Ściśnij końce razem, aby uzyskać kształt pączka.

h) Ułożyć na papierze do pieczenia.

i) Piec w 160°C przez 10 minut.

96. Budyń Chlebowy

Porcje: 2

Składniki

- Spray nieprzywierający do smarowania kokilek
- 2 kromki białego chleba, pokruszone
- 4 łyżki białego cukru
- 5 dużych jaj
- ½ szklanki śmietanki
- Sól, szczypta
- 1/3 łyżeczki cynamonu

Wskazówki

a) Weź miskę i ubij w niej jajka.
b) Dodaj cukier i sól do jajka i dobrze wymieszaj.
c) Następnie dodaj śmietanę i za pomocą ręcznego ubijaka wmieszaj wszystkie składniki.
d) Teraz dodaj cynamon i okruchy chleba.
e) Dobrze wymieszaj i dodaj do okrągłej formy do pieczenia.
f) Włóż go do frytownicy.
g) Ustaw go w trybie AIRFRY na 350 stopni F na 8-12 minut.
h) Po ugotowaniu podawaj.

97. Mini Ciasta Truskawkowo-Śmietankowe

Porcje: 2

Składniki
- 1 pudełko kupione w sklepie Ciasto na ciasto, Trader Joe's
- 1 szklanka truskawek, pokrojonych w kostkę
- 3 łyżki śmietany, ciężkie
- 2 łyżki migdałów
- 1 białko jajka do posmarowania

Wskazówki:
a) Weź ze sklepu przyniesione ciasto i spłaszcz je na powierzchni.
b) Użyj okrągłego noża, aby pociąć go na 3-calowe koła.
c) Posmaruj ciasto białkiem jajka dookoła parametrów.
d) Teraz dodaj migdały, truskawki i śmietanę w bardzo małej ilości na środek ciasta i przykryj je innym okrągłym.
e) Naciśnij krawędzie widelcem, aby je uszczelnić.
f) Zrób szczelinę na środku ciasta i włóż do kosza.
g) Ustaw go na tryb AIR FRY 360 stopni na 10 minut.
h) Po zakończeniu podawaj.

98. Brazylijski ananas z grilla

Porcje: 4

Składniki

- 1 ananas, obrany, wydrążony i pokrojony na włócznie
- 1/2 szklanki (110 g) brązowego cukru
- 2 łyżeczki mielonego cynamonu
- 3 łyżki roztopionego masła

Wskazówki:

a) W małej misce wymieszaj brązowy cukier i cynamon.

b) Posmaruj włócznie ananasa roztopionym masłem. Posyp włócznie cukrem cynamonowym, lekko naciskając, aby dobrze przylegały.

c) Umieść włócznie w koszyku frytownicy w jednej warstwie. W zależności od wielkości frytownicy powietrza może być konieczne robienie tego partiami.

d) Ustaw frytownicę na 400°F na 10 minut dla pierwszej partii (6-8 minut dla następnej partii, ponieważ frytownica powietrzna zostanie wstępnie podgrzana). W połowie posmaruj pozostałym masłem.

e) Ananasy są gotowe, gdy są podgrzane, a cukier bulgocze.

99. Banany cynamonowe w kokosowej panierce

Składniki

- 4 dojrzałe, ale twarde banany
- ½ szklanki mąki z tapioki
- 2 duże jajka
- 1 szklanka rozdrobnionych płatków kokosowych
- 1 czubata łyżeczka mielonego cynamonu
- Spray kokosowy

Wskazówki:

a) Pokrój każdego banana na trzy części

b) Wykonaj linię montażową:

c) Mąkę z tapioki wsypać do płytkiego naczynia.

d) Wbij jajka do innej płytkiej miski i lekko ubij.

e) Połącz posiekany kokos i zmielony cynamon w trzecim płytkim naczyniu. Dobrze wymieszaj.

f) Obtocz banany w mące z tapioki i strząśnij nadmiar.

g) Zanurz banany w ubitych jajkach. Upewnij się, że jest całkowicie pokryty płynem do jajek.

h) Banany obtocz w płatkach cynamonowo-kokosowych, aby całkowicie je pokryć. Mocno dociśnij, aby płatki kokosowe przylegały do bananów. Trzymaj je na płaskiej tacy.

i) Obficie spryskaj kosz Air Fryer olejem kokosowym.

j) Ułóż kawałki banana w kokosowej skorupce w koszu frytownicy. Spryskaj większą ilością sprayu kokosowego.

k) Smażyć na powietrzu w temperaturze 270F przez 12 minut.

l) Posyp mielonym cynamonem i podawaj na ciepło lub w temperaturze pokojowej z gałką lodów (opcjonalnie).

100. Łatwe ciasto kokosowe

Wydajność: 6-8

Składniki

- 2 jajka
- 1 1/2 szklanki mleka
- 1/4 szklanki masła
- 1 1/2 łyżeczki ekstraktu waniliowego
- 1 szklanka posiekanego kokosa
- 1/2 szklanki owoców mnicha
- 1/2 szklanki mąki kokosowej

Wskazówki:

a) Pokryj 6 calowy talerz ciastem nieprzywierającym sprayem i napełnij go ciastem. Kontynuuj wykonywanie tych samych instrukcji, co powyżej.

b) Gotuj we frytownicy w temperaturze 350 stopni przez 10 do 12 minut.

c) Sprawdź ciasto w połowie czasu pieczenia, aby upewnić się, że się nie pali, obróć talerz i użyj wykałaczki, aby sprawdzić, czy jest gotowe.

WNIOSEK

Ponieważ może dawać wyniki podobne do smażenia na głębokim tłuszczu przy użyciu niewielkiej części oleju potrzebnego do smażenia na głębokim tłuszczu, korzyści zdrowotne frytkownicy powietrznej są ogromne! Podczas smażenia w głębokim tłuszczu zanurzasz żywność w oleju, a olej jest nieuchronnie wchłaniany przez żywność. We frytownicy nadal używasz oleju, ponieważ olej pomaga chrupiąc i przyrumieniać wiele potraw, ale nie potrzebujesz więcej niż jednej łyżki stołowej!

www.ingramcontent.com/pod-product-compliance
Lightning Source LLC
Chambersburg PA
CBHW071606080526
44588CB00010B/1035